2016年度教育部人文社会科学研究青年基金项目"美国城市学校董事会起源和发展研究"（16YJC880027）成果

美国城市学校的发展与管理研究

李朝阳　著　

西南交通大学出版社

·成　都·

图书在版编目（ＣＩＰ）数据

美国城市学校的发展与管理研究 / 李朝阳著. —成都：西南交通大学出版社，2020.10
ISBN 978-7-5643-7579-9

Ⅰ . ①美… Ⅱ . ①李… Ⅲ . ①学校管理 – 研究 – 美国 Ⅳ . ①G571.26

中国版本图书馆 CIP 数据核字（2020）第 161720 号

Meiguo Chengshi Xuexiao de Fazhan yu Guanli Yanjiu

美国城市学校的发展与管理研究

李朝阳　著

责 任 编 辑	居碧娟
助 理 编 辑	张地木
封 面 设 计	原谋书装
	西南交通大学出版社
出 版 发 行	（四川省成都市金牛区二环路北一段 111 号 西南交通大学创新大厦 21 楼）
发 行 部 电 话	028-87600564　028-87600533
邮 政 编 码	610031
网　　　址	http://www.xnjdcbs.com
印　　　刷	四川煤田地质制图印刷厂
成 品 尺 寸	146 mm × 208 mm
印　　　张	5.25
字　　　数	119 千
版　　　次	2020 年 10 月第 1 版
印　　　次	2020 年 10 月第 1 次
书　　　号	ISBN 978-7-5643-7579-9
定　　　价	48.00 元

前　言

　　《美国城市学校的发展与管理研究》一书是 2016 年度教育部人文社会科学研究青年基金项目"美国城市学校董事会起源和发展研究"（16YJC880027）的研究成果。感谢教育部人文社科基金项目的大力支持。

　　本书基于对美国城市学校资料的掌握，以研究预设问题为主线展开论述。

　　第一章主要研究美国城市学校董事会的起源与发展。第二章主要论述美国城市学校董事会的管理政策。第三章主要研究美国城市公立中小学督学的结构和管理。第四章主要研究美国 K-12 学校综合咨询项目的发展和实施。第五章主要研究了美国 K-12 学校综合咨询项目的职能和途径。第六章以弗吉尼亚大学为例，研究了美国大学的学术诚信管理。

　　本书的编辑与出版得到了西南交通大学出版社的编辑们的大力支持，在此，对编辑们的辛勤付出表示衷心的谢意！

尽管本书尽力做了多次修改、校对，但限于能力与时间，书中可能会出现一些错误和不当之处，还请读者们多多批评指正！

作　者

2020 年 6 月

目　录

绪　论

一、研究方向与研究问题

19世纪末20世纪初美国快速城市化，面对美国城市人口结构的变化，新移民潮的到来，学生人数的剧增，学校机构和事务日渐复杂，美国城市学校需要面对一系列新的社会问题，尤其在管理方面，该如何面对新的教育需求。基于此，本书主要针对以下几个方面的问题进行研究：城市化背景下美国城市学校如何发展？哪些因素和力量促使了美国城市学校的发展？美国城市学校如何制定管理政策？它们又如何进行管理和运作？如何有效地提高城市学校的管理？种种管理制度和措施产生了什么历史影响？以上这些问题构成了本文研究的主要方向。

二、研究目标与方法

本研究的目标是通过考察美国城市化背景中城市学校管理方式的演进，深刻分析美国城市学校的发展和管理，并希望对我国关于城市学校的研究有所认识。基于这一目标，本书主要采用以下两种研究方法：

1. 文献法

在收集、使用文献时，注重第一手资料，注重文献的原始性。第一手资料主要来自美国城市学校的年度报告、城市学校董事会的调查报告等。例如，得克萨斯州大学奥斯丁分校教育委员会于 2008 年编写的《得克萨斯州城市学校学区校董会主席与督学高效学术的实践》（*Practices of Board Presidents and Superintendents in Academically High-achieving Texas Urban Schools Districts*, 2008 ）[1]、汉诺威研究所（Hanover Research）的研究报告《社区融入与学校董事会的教育宣传》（*Community Engagement and Education Advocacy by School Boards*, 2013 ）[2]等资料。

同时，在研究过程中还注重文献的权威性。权威性主要

---

[1] 该文献从历史的角度研究了学校董事会的权限与职责、学校董事会的责任、董事会主席、学校董事会专业管理和培训、学校董事会成员的交流、学校董事会的操作程序等内容。参见 Richey Joe Williams. *Practices of Board Presidents and Superintendents in Academically High-achieving Texas Urban Schools Districts*, The University of Texas at Austin, 2008.

[2] 该作品主要研究研究了学校董事会如何融入社区，如何宣传自己的教育政策才能获得社区支持，提升董事会管理能力。参见 Maine Government. *Community Engagement and Education Advocacy by School Boards*, Hanover Research, 2013.

体现在所使用的文献是在研究美国城市学校方面较有影响力
的成果。例如，罗纳德·沃格尔（Ronald K. Vogel）的《美国
城市政治与政策的研究读本》（*Handbook of Research on
Urban Politics and Policy in the United States*, 1997）、卡伦·加
拉格尔（Karen Symms Gallagher）的《城市教育：一种领导
与政策的类型》（*Urban Education: A Model for Leadership and
Policy*，2013）、保罗·彼得森（Paul E. Peterson）的《学校改
革的政治性：1870—1940》（*The Politics of School Reforms,
1870-1940*，1985）[1]等作品。同时，也参考了唐纳德·麦克
亚当斯（Donald R. McAdams）的《学校董事会能做什么：
城市学校的管理改革》（*What School Boards Can Do: Reform
Governance for Urban Schools*，2006）[2]、约瑟夫·维泰里
（Joseph P. Viteritti）在《市长什么时候掌管：城市学校管理》
（*When Mayors Take Charge: School Governance in the City*，
2009）[3]、密苏里州学校董事会协会（Missouri School Boards
Association）的卡特·沃德（Carter Ward）与夏洛特—梅克伦
堡市的阿瑟·格里芬（Arthur Griffin）发表的《高效董事会的

---

[1] 这些文献主要研究了城市政治的模型、城市化、社区、城市中的种族、城
市管理、专业化管理者的改革等问题。参见 Ronald K. Vogel. *Handbook of
Research on Urban Politics and Policy in the United States*, Greenwood
Publishing Group, 1997; Karen Symms Gallagher. *Urban Education: A Model
for Leadership and Policy*, Routledge, 2013; Paul E. Peterson. *The Politics of
School Reforms, 1870-1940*, University of Chicago Press, 1985.

[2] 麦克亚当斯在这本书里主要研究了董事会的角色和责任、董事会会议、正
义听证会、董事会工作间等内容。参见 Donald R. McAdams. *What School
Boards can do: reform governance for urban schools*, Teachers College Press,
2006.

[3] 在这部作品中，维泰里主要以波士顿、芝加哥和底特律三个城市为例，评
价了市长控制的结果。参见 Joseph P. Viteritti. *When Mayors Take Charge:
School Governance in the City*, The Brookings Institution, 2009.

五个特征》(*Five Characteristics of an Effective School Board*)[①]、保罗·科勒(Paul Koehler)发表的《困境中的领导：城市学校董事会是否能胜任责任》(*Leading in Difficult Times: Are Urban School Boards Up to the Task?*)[②]、罗伯特·格林(Robert Green)和布拉德利·卡尔(Bradley Carl)的《困境中的改革：接管城市学校》(*A Reform for Troubled Times: Takeovers of Urban Schools*)[③]等研究著作。

在占有和分析这些文献基础上，研究美国城市学校发展的共性，以及不同文献的研究视阈与观点的不同，再通过分析、探讨、归纳和总结，提炼本课题的研究观点和结论。

2. 个案研究方法

美国的城市化在东北部、中西部与西部的特点不同，这就使得美国城市学校在不同地域的发展也有所不同。要详细了解不同城市学校的特色，这就要求本课题还要着眼于个案

---

① 该文献研究了董事会的特征：关注学生学业成就、按需分配各种资源、了解投资的回报与学生各方面数据（例如性别、年龄、家庭经济情况等）、加强与服务的社区合作。参见 Carter Ward, Arthur Griffin. *Five Characteristics of an Effective School Board.* http://www.centerforpubliceducation.org/You-May-Also-Be-Interested-In-landing-page-level/All-in-Favor-YMABI/Five-characteristics-of-an-effective-school-board.html, 2015-04-06.

② 该文献研究了城市学校董事会面临的主要问题是董事会的职责不明确、效率过低，没有办法提升学生的学业成就，学校整体业绩不佳。研究认为，这些因素促使一些大城市率先对城市学校董事会进行改革。参见 Paul Koehler. Leading in Difficult Times: *Are Urban School Boards Up to the Task?* http://www.wested.org/resources/leading-in-difficult-times-are-urban-school-boards-up-to-the-task/, 2015-04-06.

③ 该文献详细论述了城市学校董事会的改革措施。参见 Robert L. Green, Bradley R. Carl. A Reform for Troubled Times: "Takeovers of Urban Schools". *Annals of the American Academy of Political and Social Science,* 2000 (5): 56-70.

的研究。本课题主要以弗吉尼亚大学为例，研究美国城市学校发展和管理。

三、研究内容

本研究主要由六部分构成。

第一部分主要研究美国城市学校董事会的结构与组建。具体来说，主要研究了城市学校董事会的结构与组建活动；学校董事会的产生方式；学校董事会成员的学位及其开展会议情况；学校董事会候选人的资格与培养；学校董事会成员的任期、改革活动与措施。

第二部分主要研究美国城市学校董事会的管理政策，主要介绍城市学校董事会在管理过程中，推出八大管理政策：关注学生的学术成绩、明确学校董事会的行为准则与职责、制定明确的管理计划、注重培养董事会成员的核心素养、重视团体合作、广泛开展校内外的有效交流、积极地解决冲突、组建城市学校董事会联盟。

第三部分主要研究美国城市公立中小学督学的结构与管理。在介绍了学校督学人口结构、任期、工作经历以及薪水的基础上，根据管家理论、代理理论、扎根理论，研究了学校督学的管理措施：雇用高效的专业督学、关注学生成绩、建立"管家"与"委托人"的伙伴关系、开展有序的管理活动。在此基础上，研究了督学专业性、学术性、合作性的管理特点。

第四部分主要研究 K-12（Kindergarten through grade 12，指美国高等教育之前的基础教育阶段）①学校综合咨询项目的发展与实施。主要介绍了学校综合咨询项目从 1906 年到 21 世纪的发展历程，由项目理念、传送系统、管理系统、责任系统构成的"国家模式"，具体研究了学校综合咨询项目所提供的咨询项目，以及提供的咨询、课堂指导、协调、转送、危机应对等专业干预。

第五部分主要研究了 K-12 学校综合咨询项目的职能与途径。具体论述了美国学校顾问的道德标准、学校综合咨询项目的开发工具，以及学校综合咨询项目的职能。研究了咨询人员、项目、结果的评价。又介绍了美国学校董事会的学校咨询政策以及美国学校董事会对学校顾问的影响。

第六部分主要研究了美国学术诚信，以弗吉尼亚大学为例研究了学术荣誉制度的规范范围、荣誉制度的组织机构、荣誉制度的处理程序。在此基础上，又研究了海上学期听证、专业进修学院程序、心理听证等三种荣誉制度的特殊程序。

四、研究意义

1. 理论价值

本研究的目的在于，研究美国城市学校的发展，尤其是学校管理的实践和活动的发展状况。其理论价值在于有利于

---

① K-12：从幼儿园到十二年级。参见陆谷孙编《英汉大词典》（第二版），上海：上海译文出版社，2012 年，第 1036 页。

拓展我国对美国城市化进程中城市学校的研究。在城市化背景下，深入研究美国城市学校的发展，拓展了城市学校的研究视野和领域。

2. 实践意义

本课题的应用价值在于，通过了解城市化进程中，美国在城市学校发展和管理方面的经验，为拓宽城市学校的研究提供一定的助益。

第一章

美国城市学校董事会的结构与组建

随着美国城市化的进程，美国学校董事会面临的校外环境发生了改变。董事会成员的人口结构、角色、行为规则、业务等也随之发生了改变，董事会的管理活动和政策也相应地改变，为应对变化，董事会在运行中推出相应的管理措施。城市化进程中学校董事会管理的变化反映了社会转型与教育变革的关系。本章研究的问题主要集中在美国学校董事会如何运作，董事会的结构如何，如何选举，以及制定了哪些管理政策，以及这些政策的实施效果如何。

第一节　美国城市学校董事会成员的结构与活动

随着城区的发展，城市公立学校的教育环境发生了巨大的变化。学校董事会的产生方式、成员任期和身份、候选人的资格和培养经历着一系列的变革。为了应对城市化中新的教育需求，学校董事会改革体现在三个方面：一是对自身管理的改革，二是对教育的改革，三是对董事会角色的重新界定。

一、学校董事会成员的结构

（一）学校董事会成员的种族与性别

随着美国人口结构的变化，学校董事会成员的人口结构分布也发生微妙变化。例如，根据"大城市学校委员会"（The Council of the Great City Schools，简称 CGCS）的调查，从 2005 年到 2008 年，白人董事会成员的比例从 2005 年的 57% 降到 2008 年的 52%。非裔美国人董事会成员比例从 2005 年的 30% 增加到 2008 年的 33%。亚裔董事会成员比例从 3% 增加到 4%。在这些增加的成员中大都是女性成员。2005 年—2008 年，女性董事会成员比例从 52% 增加到 58%，其中，非裔美籍女性董事会成员比例从 15% 增加到 18%，亚裔女性董事会成员比例从 1% 上升到 2%。[①]

（二）学校董事会成员的学位

从董事会成员的学位看上，最高学位为学士学位的董事会成员比例从 2005 年的 44% 降到 2008 年的 37%。硕士学位的

[①] The Council of the Great City Schools. "Urban School Board Survey: Characteristics, Structure, and Benefits, Second Survey and Report". *Urban Indicator*, Fall 2009: 3-4.

董事会成员比例从 28% 增加到 31%。而哲学博士或者教育博士学位的董事会成员比例从 2005 年的 10% 降到 2008 年的 9%。[①]

二、学校董事会的会议与活动

(一)学校董事会的会议

据"大城市学校委员会"调查，17% 的学校董事会每周举行一次会议，38% 的学校董事会每两周举行一次会议，14% 的学校董事会每月举行一次会议，17% 的学校董事会每两月举行一次会议，14% 的学校董事会则是在其他日程会面，如图 1-1 所示。[②]再进一步看，会议持续时长也不同，55% 的学

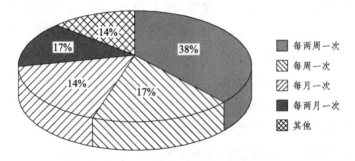

图 1-1　学校董事会会议的安排

（资料来源：The Council of the Great City Schools. Urban School Board Survey: Characteristics, Structure, and Benefits, Second Survey and Report. *Urban Indicator*, Fall 2009：6.）

---

① The Council of the Great City Schools. "Urban School Board Survey: Characteristics, Structure, and Benefits, Second Survey and Report". *Urban Indicator*, Fall 2009: 3-4.
② The Council of the Great City Schools. "Urban School Board Survey: Characteristics, Structure, and Benefits, Second Survey and Report". *Urban Indicator*, Fall 2009: 6.

校董事会会议平均持续 2~4 个小时，31%的董事会会议平均持续 4~6 个小时，12%的董事会会议平均持续 1~2 个小时，2%的董事会会议开会时间不到 1 个小时。[①]

关于学校董事会的时间分配，从"大城市学校委员会"的调查看出（如图 1-2 所示），57%的学校董事会每周平均花费在董事会业务上的时间超过 6 个小时，21%的学校董事会在同一方面每周平均花费 4~6 个小时，14%的学校董事会花费 2~4 个小时，7%的学校董事会花费 1~2 个小时。[②]

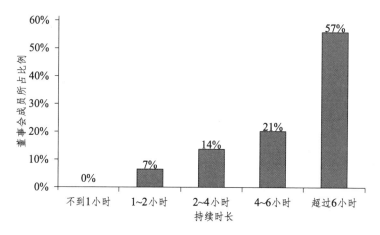

图 1-2　学校董事会每周平均花费在业务上的平均时间

（资料来源：The Council of the Great City Schools. "Urban School Board Survey：Characteristics，Structure，and Benefits，Second Survey and Report." *Urban Indicator*，Fall 2009：6-7. ）

① The Council of the Great City Schools. "Urban School Board Survey: Characteristics, Structure, and Benefits, Second Survey and Report". *Urban Indicator*, Fall 2009: 6.
② The Council of the Great City Schools. "Urban School Board Survey: Characteristics, Structure, and Benefits, Second Survey and Report". *Urban Indicator*, Fall 2009: 6-7.

（二）学校董事会的活动

一般来说，学校董事会的活动主要包括建立董事会会议议程、董事会成员交流、与督学的交流、指挥系统、董事会成员参观校园、与会期间董事会的选举、董事会会议上组织赞助者发表演讲、督学的招聘、确定选择董事会官员的方法、处理社区的投诉、确定评估督学的手段。

2013 年塞尔希奥·卡纳尔（Sergio Alfredo Canal）在其文章中指出，学校董事会成员有效的领导，对于政策的解释、资源的分配、课程和教学实践的采用、产生新需求的专业发展等方面，是一个决定性的因素。[①]具体来说，董事会主席与成员的活动有：及早在预算过程中建立薪金；就教育政策问题经常与地方、州和联邦决策者保持联系；在战略计划中设定年度目标和业绩标准；一个月至少召开一次张贴通知的董事会会议或者小组委员会会议。董事会主席在张贴通知和告知董事会成员之前，提前审查董事会议的议程安排；董事会主席必须有能力面对越权的成员；作为受托人，参加地方、州和联邦的培训，参与每年的学区团队建设活动；关注社区和学校活动；考虑不同观点与见解。[②]

---

① Sergio Alfredo Canal. *California School Boards: Professional Development and the Masters in Governance Training*. University of Southern California, 2013: 38.
② Rickey Joe Williams. *Practices of Board Presidents and Superintendents in Academically High-achieving Texas Urban School Districts*. The University of Texas at Austin. 2008: 162.

第二节 美国城市学校董事会的组建与改革

一、学校董事会的产生与任期

（一）学校董事会的产生方式

2008 年，在美国 42 个地区，包括北部的安克雷奇、密尔沃基，东部的亚特兰大、巴尔的摩、诺福克，南部的奥斯汀、克拉克县、达拉斯、东巴吞鲁日县、休斯敦、杰克逊、新奥尔良等地进行调查，调查显示，87%的学校董事会是通过选举产生的，14%的学校董事会是通过任命产生的。[①]

管理董事会通常由 7 名成员组成，任期四年。从选举方式来看，选举日期定在奇数年的四月的第一个星期二。在两年一次的选举中会有三到四个竞争席位。如果因辞职或其他原因出现了空职位，将由剩余的董事会进行任命，任职期限直到下届选举。一些社区和合并的学区会要求城乡的代表要比例均等，以便权衡城乡之间不同的利益。从学校董事会的任命方式来看，董事会由市长任命，或由市议会任命，也可由市长与州长任命，还有可能是由市长、市议会与州长共同任命。

（二）学校董事会的选举费用

关于竞选费用，根据 2009 年城市学校董事会的调查得

---

① The Council of the Great City Schools. "Urban School Board Survey: Characteristics, Structure, and Benefits, Second Survey and Report". *Urban Indicator*, Fall 2009: 2.

出，17%的学校董事会成员在竞选活动中平均花费 10 000
美元到 24 999 美元，19%的学校董事会成员在这一活动中
花费 25 000 美元或者多于 25 000 美元，12%的学校董事
成员花费 5 000 美元到 9 999 美元，24%的学校董事会成员
花费 1 000 美元到 4 999 美元，7%的学校董事会成员花费
不到 1 000 美元。①

关于学校董事会成员在竞选中收到的捐款主要来源，
有 60.5%的成员表示收到家庭或朋友的捐款，有 44.7%的成
员表示受到企业界的捐赠，有 31.6%的成员表示收到雇员
工会的捐款，也有 13.2%的成员表示在竞选中投入了个人
财富②。关于各自学区的学校董事会选举的竞争激烈程度，
10%的学校董事会认为选举竞争极其激烈，29%的学校董事
会认为选举竞争十分激烈，还有 29%的学校董事会觉得竞
争较为激烈，另外 21%的学校董事会认为每年选举竞争程
度有很大不同③。

（三）学校董事成员的任期

董事会成员的任期有所不同。81%的学校董事会成员任
期是 4 年，10%的学校董事会成员任期是 3 年，5%的学校董

---

① The Council of the Great City Schools. "Urban School Board Survey:
Characteristics, Structure, and Benefits, Second Survey and Report". *Urban Indicator*, Fall 2009: 12.
② The Council of the Great City Schools. "Urban School Board Survey". *Urban Indicator*, October 2005: 12.
③ The Council of the Great City Schools. "Urban School Board Survey:
Characteristics, Structure, and Benefits, Second Survey and Report". *Urban Indicator*, Fall 2009: 12.

事会成员任期是 5 年，2%的学校董事会成员任期是 2 年[①]。
从学校董事会成员平均服务时间来看，28%的学校董事会成员平均在 4~8 年，26%的学校董事会成员平均在 2~4 年，24%的学校董事会成员平均服务时间不到 2 年，12%的学校董事会成员平均服务时间在 8~12 年，还有 10%的学校董事会成员平均服务时间超过 12 年（如图 1-3 所示）。[②]在"大城市学校委员会"中，2008 年的督学的平均任期是 3.4 年[③]。里基·威廉斯（Rickey Joe Williams）指出，美国学校董事会中，26%的成员监管着 80%的城区公立学校学生。[④]

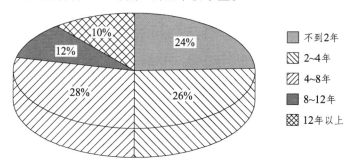

图 1-3 学校董事会成员的平均服务年限

（资料来源：The Council of the Great City Schools. Urban School Board Survey: Characteristics, Structure, and Benefits, Second Survey and Report. *Urban Indicator*，Fall 2009：1-5. ）

① The Council of the Great City Schools. "Urban School Board Survey: Characteristics, Structure, and Benefits, Second Survey and Report". *Urban Indicator*, Fall 2009: 1.
② The Council of the Great City Schools. "Urban School Board Survey: Characteristics, Structure, and Benefits, Second Survey and Report". *Urban Indicator*, Fall 2009: 1-5.
③ The Council of the Great City Schools. "Urban School Board Survey: Characteristics, Structure, and Benefits, Second Survey and Report". *Urban Indicator*, Fall 2009: 13.
④ Rickey Joe Williams. *Practices of Board Presidents and Superintendents in Academically High-achieving Texas Urban School Districts*. (Doctoral disseration) The University of Texas at Austin, 2008: 24-25.

二、学校董事会的候选人

（一）学校董事会候选人的资格

　　学校董事会对候选人有一定的要求。在得克萨斯州，要成为学校董事会管理人员须是美国公民，且年满 18 周岁。在伊利诺伊州，董事会候选人必须年满 18 周岁，且在本学区居住一年以上，同时又须是一位已登记的选民。有能力的、有良好动机的，并能代表学区利益的人员方能加入董事会。县政官员负责选举登记。在申报过程中，候选人需要递交一份关注县政官员经济利益的声明、至少有 50 名已登记选民或者 10%选民签名的申请、候选人资格的声明、县政官员对经济利益声明的回执单等材料。董事会秘书负责报送候选人的申请和声明，报送期限是选举前的 106~113 天。如果候选人在选举活动中收到经费或者花费超过 3000 美元，必须遵守《伊利诺伊州竞选公开法案》。

（二）学校董事会候选人的培养

　　对于准备为董事会工作的候选人，董事会要求他们必须对学区有最基本的了解。了解学校要达到一个什么目标、学校是如何组织和安排的、收入与支出情况、对财产的保护、州法律法规和地方董事会的政策、董事会事务的实施程序等。董事会候选人也须明白董事会与州、社区、督学以及董事会成员之间的正确关系。董事会还要求，将要成为董事会候选人的人员必须参加董事会会议，了解董事会是如何运作的，深入了解学校问题，与董事会成员和学校教职工进行交谈。董事会候选人也要面见学区督学，从而获得学区的真实信息，与督学讨论董事会面临的问题。候选人也须尽可能地阅读学区办公室提供的董事会工作内容的文件，查阅影响学校运作的秩序、规范和法规的材料。

（三）董事会成员的产生

1. 学校董事会成员的替换

根据法律要求，学校董事会新成员在每年的选举后加入董事会队伍，有效又合法过渡成员身份成为不可避免的事情。成员身份的变化改变了董事会的组成部分。董事会通过特殊选举、定期选举、选举之前的任命等方式填充空职。如果存在有争议的问题，例如合同纠纷，就要考虑通过公众选择的选举方式填补空职。

2. 董事会空职任命的条件

对于学校董事会来说，学校董事会对"被任命者"的资格要求不能超过法律的要求。学校董事会不能任命董事会最近三年内的离休人员。对新任命的成员来说，第一，需要考虑在下次选举之前的任职期限。第二，考虑学校董事会的整个团队精神。第三，考虑学校董事会职员空缺时面临的问题。第四，要求在公开宣布"被任命者"之前，须得到"被任命者"本人同意。第五，"被任命者"在学校董事会的选举中失利次数不能超过三年。

3. 学校董事会官员的选举

第一，职位和数量：董事会每年都会根据职务和数量，确定和递交所需的学校董事会官员数量，主要包括主席、副主席、秘书与财务主管等。

第二，特征或职责：一旦确定了官员的职位和数量后，学校董事会将通过协商决定领导职务的特征或者职责。

第三，陈述：学校董事会的每个候选官员陈述自己对董事会服务的愿望。

第四，共识：学校董事会成员就官员的选举愿望形成共识，由公正的引导者①列出成员的选择。

第五，调整：如果没有达成共识，学校董事会成员应在引导者的指导下，参与调整的"名义群体法"②：董事会每个成员用以前已指定的领导特征为导向，为每个职位单独列出排在前三名的候选人。无偏见的引导者用"加权评分"合计每个成员的选择，计算董事会主席职位的统计结果，将挑选的主席候选人从其他职位中去除。依次按照同样的方式计算副主席、秘书和财务主管。引导者分别向学校董事会成员汇报结果。在定期会议中，把统计结果作为官员的正式提名和选举指南。

第六，官员的选举：在定期会议中，根据提名和收到的

---

① 引导者：可以使得组织与团队更加有效地运作。
② 名义群体法：是指在决策过程中对群体成员的讨论或人际沟通加以限制。

董事会成员的多数票进行选举。[①]

三、学校董事会的改革

学校董事会的改革主要体现在两方面。一是学校董事会自身产生方式的改革，通过对董事会选举和任命的改革，来改变学校董事会的角色或者职责[②]。二是对学校董事会角色的再界定。

（一）学校董事会自身的改革

1. 选举程序的改革

自从 20 世纪 50 年代以来，董事会的选举程序已成为董事会改革的一个普遍目标。一些董事会的专家呼吁，学校董事会作为一个基础的民主机构，州立法关注董事会在政策制定和监管上的角色和责任限制了董事会的管理职责[③]。所以，使教育远离政府是学校董事会早期改革的主要目标，但是，随着董事会选举成本的增加，尤其在城区的增加[④]，当选的董

---

① Rickey Joe Williams. *Practices of Board Presidents and Superintendents in Academically High-achieving Texas Urban School Districts.* The University of Texas at Austin, 2008: 187-188.

② Deborah Land. "Local School Boards under Review: Their Role and Effectiveness in Relation to Students' Academic Achievement". *Review of Educational Research*, 2002 (2): 236.

③ K. Underwood. "Power to the People". *American School Board Journal*, 1992 (6): 42-43.

④ 许多城区的一个典型的特点是学生的种族的多样化，高中生的辍学率高。

事会成员易受支持他们当选的特殊利益和政治团体的影响[1]。
不过，任命的董事会可以规避由选举产生的董事会成员本身
带来的问题，这主要取决于谁被任命，由谁来任命。文化上、
种族上、民族上、政治上多样化的个体往往会具有丰富的商
业管理阅历和教育经历，并欣然接受托管理念。托管理念认
为，学校董事会是代表整个社区利益的有机体，可以任命具
备这些素质的个体为董事会成员。于是，各州或者地方政府
官员（如市长）通常任命学校董事会成员。因此，任命的董
事会要比选举的董事会更能与地方政府保持高度的一致。但
问题是，通常任命的个体或者成员很难具有这些特征。这就
使得任命的董事会既有积极的成分，也会带来消极的结果。
丹斯韦赫尔（J. Danzberger）从批判的角度认为，任命的董事
会很少直接向公众负责，他们更多的是直接向任命他们的人
员负责[2]。但是，哈林顿-利克（D. Harrington-Lueker）从另一
个角度看，市长或者其他政府官员任命的学校董事会成员能
够更好地把董事会与其他政府机构和资源联系起来。[3]

2. 转化为地方教育政策委员会

教育领导机构建议，把学校董事会转化为地方教育政策
委员会，地方教育政策委员会的主要特征是关注政策的制定
与监督，而不参加和干预日常的管理。地方教育政策委员会

[1] J. Hickle. "The Changing Face of School Board Elections". *Updating School Board Policies*, 1998 (1): 1-5.
[2] J. P. Danzberger. "School Boards: A Troubled American Institution". In *Facing the challenge: The Report of the Twentieth Century Fund Task Force on School Governance*. New York: Twentieth Century Fund. 1992: 19-124.
[3] D. Harrington-Lueker. "School boards at Bay". *American School Board Journal*, 1996 (5): 18-22.

最主要的角色是制定学区的整体教育规划，然后根据这个规划，制定长期和短期目标、学校业绩指标、学生评价。[1]丹斯韦赫尔认为，学校董事会不可能主动地对自身进行改革，因此州立法就必须变得主动，州就要将要求诉诸立法，使学校董事会真正为教育的方方面面负责。学校董事会改革的目的主要在于提高学生的成绩。[2]为了更好地改革学校董事会，卡弗（J. Carver）提出学校董事会政策管理模式。[3]

（二）学校董事会角色的重新界定

面对移民和种族等各种社会问题，以及城市管理、专业化管理、城市学校管理权争夺等冲突，学校董事会不可能解决所有人的所有问题，这就要求各州重新界定学校董事会的角色。重新界定的学校董事会角色大致包括：

（1）确定协商的雇用合同的政策和指导方针，批准协商的合同（但并不与雇员代表直接谈判）。

（2）批准课程框架和学生学习的标准。

（3）制定职员的发展政策，确保发展政策与学区教育目标相一致。

（4）开发定期评估个体学校业绩的机制。

（5）聘用行政法官（或有资格的第三方团体），听取学生

---

① J. P. Danzberger. "School Boards: A Troubled American Institution". In *Facing the challenge: The Report of the Twentieth Century Fund Task Force on School Governance*, New York: Twentieth Century Fund. 1992: 19-124.
② R. Goodman. *Thinking Differently*. Arlington, VA: Educational Research Service, 2000.
③ J. Carver. *Boards That Make a Difference*. San Francisco: Jossey-Bass, 1997.

或职员个体的抱怨和诉求[1]。

（6）在学校董事会之外，建立程序去听取和解决每个选民的投诉。

（7）召开社区座谈会讨论教育政策问题。

（8）在董事会自评结果的基础上，致力于持续的学习和发展。

在进行重新定位学校董事会角色的同时，州立法委员安排学校董事会的选举日程，定期考察每所学校是否真正达到了学校和社区的目标，授权建立地方儿童政策议会。为了帮助董事会成员有效地开展实际的管理活动，他们也关注董事会在政策制定、业绩、项目评估等方面的责任。学校董事会成立了由董事会主席、督学、规划和政策委员会主席、表现与评估委员会主席组成的执行委员会或者管理委员会，复查董事会本身的功能，向董事会或者董事会个体成员推荐必要的发展领域。管理委员会也通过推荐培训、董事会专业发展活动和研讨班，力争提高董事会所有成员的知识和能力，使得董事会成员成为有见识的人员，以此来训练和监督董事会新成员。[2]

在进步主义时期（The Progressive Era，19 世纪末 20 世纪初）之前，地方控制着学校董事会。学校董事会由学区选举的非专业董事会成员组成。学校董事会对教育专业人士、学

[1] Rickey Joe Williams. *Practices of Board Presidents and Superintendents in Academically High-achieving Texas Urban School Districts*. The University of Texas at Austin, 2008: 47-49.
[2] Rickey Joe Williams. *Practices of Board Presidents and Superintendents in Academically High-achieving Texas Urban School Districts*. The University of Texas at Austin, 2008: 51.

生、公立学校进行了细致的审查。在需要改进的公共教育系统里，他们用有效性与积极发展来度量教育的各个方面。"改革"作为一个术语，就直接与督学、校长、教师、学生联系起来了。到了 20 世纪，随着社区人口结构的变化和不断增加的责任，州层面的立法委员要求改革公立学校行政机构的结构。在州授权之前，学校董事会成员自行决定的行为仍继续侵犯着学校管理者的责任，他们把政治事务和权术注入公立学校制度。在州干预之后，督学和董事会主席的职责是合理管理学区，培训和指导董事会成员担负角色，履行各自职责。

第二章

美国城市公立中小学董事会的管理政策

在坚持以"学生为本"的理念下，作为政策制定者，美国城市公立中小学董事会在运行中推出八大管理策略：明确董事会的职责与准则、关注学生的学术成绩、注重董事会文化和成员素养、团队合作和培训、保证学术卓越、积极解决冲突、重视校内外的交流、组建董事会联盟。董事会管理的特色在于追求管理效率、维护伙伴关系、注重董事会成员的核心素养。

第一节　重视学校董事会的准则与合作

随着城市化的发展，全球劳动力和工作场所的激烈竞争塑造了新的教育需求，技术变革和全球竞争加大，"需要技术高度熟练的工作者，开发新技术，把技术应用到市场，生产商品与服务。"①萨拉蒙（L. Salamon）指出，国家所需要的劳动力与教育机构所能提供的劳动力之间的不协调，表明美国公共教育需不断革新。②随着学校董事会越来越关注全球教育排名，以及激烈的教育竞争、员工知识的提升，在教育学生的问题上，以董事会为代表的校方和地方教育机构迎来了一系列挑战。③为了进一步满足 21 世纪的教育需要，促使他们思考如何协调工作，如何更有效管理学校，如何培养人才，基于这些问题，董事会制定了一系列更有效的管理政策来提高效率。

一、明确董事会的行为准则与职责

（一）董事会的行为准则

由于董事会成员是多样化的，"大城市学校委员会"的调查表明，22%的董事会成员在私营企业工作，4%的董事会成员是 K-12 教育工作者，10%的成员从事高等教育工作（图 2-1 所示）④。因此，制定董事会行为准则的作用在于，不断提醒

① L. A. Karoly, C. W. A. Panis. *The 21st Century at Work: Forces Shaping the Future Workforce and Workplace in the United States.* Santa Monica, CA: Rand. 2004: xviii.

② D. Hornbeck, L. M. Salamon. *Human Capital and America's Future.* Baltimore, MD: Johns Hopkins University Press, 1991: 1-28.

③ Sergio Alfredo Canal. *California School Boards: Professional Development and the Masters in Governance Training.* University of Southern California, 2013: 35.

④ The Council of the Great City Schools. "Urban School Board Survey: Characteristics, Structure, and Benefits, Second Survey and Report". *Urban Indicator*, Fall 2009: 3.

董事会成员意识到自己肩负的责任。董事会成员的行为标准和准则要求所有成员尽力代表公众的教育利益。董事会成员的行为准则包括：

（1）董事会成员平等地代表所有学区选民的利益，严禁因特殊利益或偏护的政治团体的利益而放弃成员的职责。

（2）禁止董事会成员利用职务之便谋取个人利益，避免因自己的职位发生利益冲突或者不当的行为举止。

（3）董事会成员作为个体，没有任何法律权力，董事会的决议只有经过董事会会议的多数投票表决通过才能产生。

（4）禁止采取有悖董事会或管理者原则的私自行动，严守保密性信息，遵守董事会决议。

（5）积极参与董事会的会议，鼓励和尊重董事会成员自由表达观点，以包容、诚恳和尊重的方式参与董事会的讨论，尊重不同的观点。

（6）充分了解特殊问题，理性看待地方、州、全国以及全球的教育。

（7）仔细倾听交流者的观点，时刻铭记自己所代表的是整个社区的利益。

（8）力求与督学建立积极的工作关系，尊重督学执行董事会政策的权利、管理社区的权利以及向董事会提出建议的权利。

（9）关注董事会阐述的学区教育目的、方向与目标，监督学区表现。

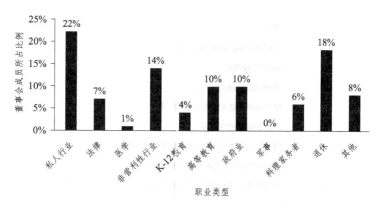

图 2-1 学校董事会成员的职业分布

（资料来源：The Council of the Great City Schools. Urban School Board Survey: Characteristics, Structure, and Benefits, Second Survey and Report. *Urban Indicator*, Fall 2009: 3. ）

（二）董事会的职责

董事会有一定的选民基础，从选民的分布看，79% 的 "教师协会" 在董事会选举中是积极的，69% 的 "社区组织" 在选举中是积极的（图 2-2 所示）。[1]学区作为一个民主机构，要求通过全体市民选举的官员掌控公共机构，选举的董事会成为社区的代表，应以非政党的方式代表社区公众的利益，不能涉及相互竞争的特殊利益。

董事会是学校政策的制定者，而督学及其团队是政策的管理者，这就对董事会的职责有着明确界定。有效的学校董

---

① The Council of the Great City Schools. "Urban School Board Survey: Characteristics, Structure, and Benefits, Second Survey and Report". *Urban Indicator*, Fall 2009: 12.

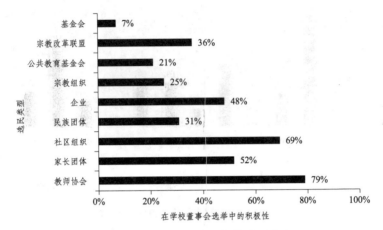

图 2-2　董事会选举中积极的选民分布

（资料来源：The Council of the Great City Schools. Urban School Board Survey：Characteristics, Structure, and Benefits, Second Survey and Report. *Urban Indicator*, Fall 2009：12. ）

事会管理绕开督学的微观管理，关注董事会的决策，而不是参与日常管理。所以，为了保证政治立场不对管理产生消极影响，董事会与督学必须担当好自身的责任[①]。董事会的职责主要有：

（1）制定学区的整体教育愿景、建立长期和短期目标、引领社区取得成绩。

（2）审查、支持和监督项目、方案、计划与工程。

（3）遴选、指导和评估督学。

（4）批准资金、监督人力和物质资源方案的制定、有效利用资源。

（5）充当学区与社区的桥梁，处理社区的投诉。

---

① Sergio Alfredo Canal. *California School Boards: Professional Development and the Masters in Governance Training*. University of Southern California, 2013: 41.

（6）担负财政职责、法律职责和计划职责。①

（7）确定董事会会议的议程、协助董事会成员与督学的沟通。

（8）安排董事会成员参观校园、明确督学的招聘程序。

（9）确认学校业绩的指数、评估学生的整体进步情况。②

为了更好地履行职责，董事会会议也制定了明确的会议议程，会议的准备、要求以及内容如下：

首先，会议准备。董事会主席与督学准备、制定会议议事议程，议程和支撑材料在开会 72 小时之前发给所有的董事会成员，并在开会 72 小时之前向公众发布会议议事议程。

其次，会议要求。制定特殊委员会完成服务和任务的时间表，特殊委员会会议的会议记录是董事会定期会议纪要的补充，特殊委员会的口头和书面报告提交董事会定期会议，归入董事会定期会议纪要的档案。

最后，表决与讨论雇员表现。董事会成员对所有要展开行动的项目进行投票表决③，但董事会不在公共会议上对任何职员和学生做出评论。

业务方面，董事会设置了多样的委员会类型，26%的董事会设置战略规划委员会，14%的董事会设置特殊教育委员会，17%的董事会设置社区关系委员会（如图 2-3 所示）④。

---

① Eugene R. Smoley. *Effective School Boards: Strategies for Improving Board Performance* (1st ed.). San Francisco: Jossey-Bass, 1999: 4-5.
② Deborah Land. "Local School Boards under Review: Their Role and Effectiveness in Relation to Students' Academic Achievement". *Review of Educational Research*, 2002 (2): 229-278.
③ Rickey Joe Williams. *Practices of Board Presidents and Superintendents in Academically High-achieving Texas Urban School Districts*. The University of Texas at Austin, 2008: 180-182.
④ The Council of the Great City Schools. "Urban School Board Survey: Characteristics, Structure, and Benefits, Second Survey and Report". *Urban Indicator*, Fall 2009: 10.

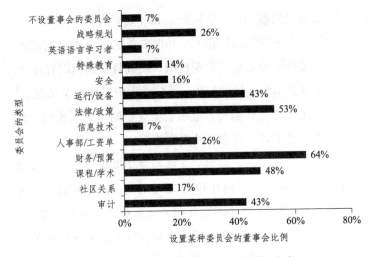

图 2-3 学校董事会委员会的类型与分布

（资料来源：The Council of the Great City Schools. Urban School Board
Survey: Characteristics, Structure, and Benefits, Second Survey and Report. *Urban
Indicator*，Fall 2009：10.）

为了做好业务，97%的董事会参与预算或者财政问题，96%的
董事会把主要精力和时间用来关注学生成绩，85%的董事会
参加家长的外展服务[1]，83%的董事会制定缩小成绩差距的措
施，78%的董事会关注学校安全[2]。在人员的配备上，83%的
董事会配备秘书，29%的董事会有律师，12%的董事会配有审
计员[3]或者会计，2%的董事会有研究人员，12%的董事会人员

---

[1] 外展服务，是一种组织的活动，它是向社区的人们提供服务或者建议，尤
　　其是对不能或者不喜欢到医院、办公室等地方寻求帮助的人群，在服务机
　　构之外的场域所提供的社区服务等。
[2] The Council of the Great City Schools. "Urban School Board Survey:
　　Characteristics, Structure, and Benefits, Second Survey and Report". *Urban
　　Indicator*, Fall 2009: 9.
[3] 审计员，是检查董事会业务和财政记录的人员。

从事管理工作[①]。

二、制定明确的计划

董事会制定计划是一个循环的过程，计划制定过程主要包括愿景规划和目标制定、建立年度计划日程表、组织年度自我评估及审计等环节，董事会的计划制定过程为学区职员指引方向，给他们提供应关注的焦点问题。

（一）目标厘定

1. 复查目标或调整标准

董事会应评价和讨论学区目前的目标和标准，正式通过目标、愿景声明和信念声明，每五年彻底复查一次目标和声明。若增加了新目标，需完成下列事项：职员把现行参考的标准融入所提议的标准当中；职员提出新标准；董事会复查职员的建议，提供资源；职员在董事会提供的资源的基础上，草拟标准；董事会复查职员制定的新标准，做出恰当的修订；新标准的草案交给学区规划委员会；学区规划委员会提出进一步改进的建议；董事会批准新标准；董事会复查现行标准获得成效的书面报告，对标准和措施做出必要的调整；在"学区改善计划"和"校园改善方案"中纳入新的目标、标准或措施；批准"校园改善方案"；以成绩为依据，复查反映"校

---

① The Council of the Great City Schools. "Urban School Board Survey: Characteristics, Structure, and Benefits, Second Survey and Report". *Urban Indicator*, Fall 2009: 6-8.

园改善方案"总结的书面报告。[①]

2. 复查愿景规划

复查内容包括：复查愿景、信念和目标声明；收集有关学区未来影响的数据，根据学区模式，考察现有数据和预计数据，听取关于世界、国家和区域的未来发展趋势与模式的言论；汇报信息搜集的情况，做出必要调整；在必要的情况下，重述目标制定的过程。[②]

（二）团队自我评估的审计

在制定计划的基础上，制定参观学校需遵守的准则，董事会成员必须保证自己的参观不会阻碍课堂教学。这样的准则有利于让学校职员识别是官方（董事会）的参观，还是非官方（家长）的参观。出于学生安全考虑，要求所有参观者都要遵守学校的规章制度，比如，在办公室签字、佩戴姓名标签。若是以官方身份参观学校，须提前通知督学和董事会主席参观的日期和时间，参观者可被邀请观看艺术展、参加音乐会、担任友谊赛的评委等。在官方参观中，董事会成员不能随便解决问题或者做出承诺，时刻意识到其行为与举止代表着公众的利益。通过考察，根据董事会团队和个体的需要，确定次年教育的重点领域，复查董事会团队的效率和继续教育的时间，

---

① Rickey Joe Williams. *Practices of Board Presidents and Superintendents in Academically High-achieving Texas Urban School Districts*. The University of Texas at Austin, 2008: 205-207.
② Rickey Joe Williams. *Practices of Board Presidents and Superintendents in Academically High-achieving Texas Urban School Districts*. The University of Texas at Austin, 2008: 207-209.

检查每个董事会成员的年度继续教育报告的状况。^①

三、注重董事会成员的素养

学校董事会的基调影响着整个学区管理的效率，尽力工作是每个学校董事会成员应尽的职责，因此，为了让董事会成员齐心协力、携手工作，更有效地教育学生，考察董事会成员的素养显得尤为重要。^②

（一）理解董事会小组的角色

董事会成员应该是整个学区的委托人之一，作为一名当选的公职人员，应肩负管理职责，平等对待所有成员。他们有责任为所有董事会会议做好个人准备，应广泛参加学区事务，熟悉现行法律和司法总长的意见，参加进一步的培训，支持董事会会议的决议^③。董事会成员不应做的是：被授权替代董事会发言；滥用内部消息；凌驾于其他董事会成员之上；成为特殊利益集团的工具；不能成为所有公共教育的专家^④。

---

① Rickey Joe Williams. *Practices of Board Presidents and Superintendents in Academically High-achieving Texas Urban School Districts.* The University of Texas at Austin, 2008: 191-209.
② Rickey Joe Williams. *Practices of Board Presidents and Superintendents in Academically High-achieving Texas Urban School Districts.* The University of Texas at Austin, 2008: 192-196.
③ Rickey Joe Williams. *Practices of Board Presidents and Superintendents in Academically High-achieving Texas Urban School Districts.* The University of Texas at Austin, 2008: 192-196.
④ Rickey Joe Williams. *Practices of Board Presidents and Superintendents in Academically High-achieving Texas Urban School Districts.* The University of Texas at Austin, 2008: 192-196.

（二）防止滥用职权

董事会认为，滥用职权源于一个人在地位和职权上产生了一种优越感。滥用职权的人把学区职工看作是佣人或者臣民，利用委托人形成政治庇护或者人情交易的氛围。滥用职权表现在：第一，在董事会会议上，随意发出命令而不是提出要求。第二，在不通知其他董事会成员或者与其他成员分享结果的情况下，要求做特殊的报告和研究。第三，把董事会主席职位视为宝座和王权。出现滥用职权的现象，有以下原因：第一，新近当选的董事会成员可能因尚未理解董事会团队的概念，无意间滥用职权。第二，工作年限长的董事会成员比较熟悉董事会团队观念，但受到不良习惯的影响。第三，有些董事会成员可能是独立贡献者，居功至伟，不看重团队合作的价值。第四，一些董事会成员认为，他们达到的目的证明其手段和方法是有道理的。[①]

（三）有效的行动

有效行动表现在：第一，与所有的学校董事会成员同心协力地工作。第二，尊重每一位学校董事会成员。第三，尊重督学，维护督学的尊严。第四，细心观察行政管理体系。第五，积极地听取赞助者所关心的问题等。[②]

[①] Rickey Joe Williams. *Practices of Board Presidents and Superintendents in Academically High-achieving Texas Urban School Districts.* The University of Texas at Austin, 2008: 196-199.
[②] Rickey Joe Williams. *Practices of Board Presidents and Superintendents in Academically High-achieving Texas Urban School Districts.* The University of Texas at Austin, 2008: 196-199.

为了更好地开展有效行动,董事会高度注重培训。以 2008
年为例, 董事会成员接受各自担负的角色领域的培训人数比
例达到 93%;79%的董事会成员接受了督学与董事会关系的
培训;接受领导技巧领域的培训人数增加到 69%;74%的董
事会成员接受预算、资源以及法律领域的培训,等等。董事
会成员除了接受公认的培训外,还接受一些必需的培训,例
如,45%的董事会成员接受了社区参与的培训;52%的成员接
受教育政策的培训(如图 2-4 所示)。[①]

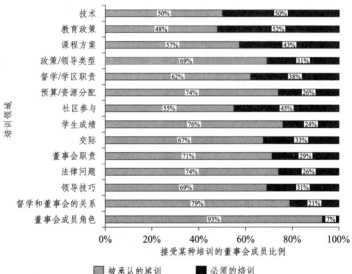

图 2-4　学校董事会的培训

(资料来源:The Council of the Great City Schools. Urban School Board
Survey:Characteristics, Structure, and Benefits, Second Survey and Report. *Urban
Indicator*, Fall 2009:11.　)

---

① The Council of the Great City Schools. "Urban School Board Survey:
Characteristics, Structure, and Benefits, Second Survey and Report". *Urban
Indicator*, Fall 2009: 11.

四、团队协作

董事会强调团队的合作文化，围绕共同关注的问题，推动教育的发展。作为法人团体，学校董事会有权力和责任治理、监管学区的公立学校。所以，在董事会成员看来，董事会既是团队，也是一个独立的个体，对于成员来说，在了解社区已有政策的前提下，明确自身担负的法律、理念和道德责任。为了有效地运作，每个成员都要把握好在公共会议场合或者紧张局势下，如何保持得体的行为举止，如何有效地应对公众和媒体，如何负责任地对待督学和学区职员。面对分歧，关键需要董事会团队协作，提供新的有创造性的观点和建议，产生新的有效的解决办法。

第二节　学校董事会的交流与联盟

一、关注学术

学校董事会最主要的关注焦点是保证学生杰出的学术成就。2001 年出台《不让一个孩子掉队法案》（No Child Left Behind Act），该法案的特色在于实施问责措施和缩小成绩差距，这随之改变了董事会的注意力。在此之前，董事会关注的是地方事务（比如预算和建筑），而不是学生的成绩和所受的教育。1983 年全国优质教育委员会（National Commission on Excellence in Education）的《国家处于危机之中》（A Nation at

Risk），表明美国在学生成绩、商业、科学和技术革新方面已被其他国家所超越。[1]26年后，沃伦（L. Warren）对G8（Group of Eight，八国集团）国家的教育进行研究，对比发现，美国1/4的15岁学生在"国际学生评估项目"中的科学、读写能力处于或低于最低熟练水平[2]。所以，许多董事会期望学生能产生卓越的学术成就，也尽可能地为学生提供最好的学习条件：

（一）董事会是统一体

董事会作为一个团体，有权利和责任进行决策，对董事会而言，追求学术卓越是董事会的决策之一。至于如何达到学术卓越，每个董事会成员有着自己的定义，这就会导致他们的偏好和界定迥异，如果一味地强调自己的理由，就会对学术卓越产生相反的影响，因此，董事会的团结一致性是实现学术卓越目标的基本条件。

（二）董事会成员的学识

领导才能是实现团结和共识的根本，如果董事会成员和管理者见识广博、认真研究问题、缜密思考，就能制定出反映所有学生需求的优质决策，如果督学是一位高效的、体察入微的领导者，就容易与董事会建立信任，意见不合的局面

---

[1] National Commission on Excellence in Education. *A Nation at Risk: Findings and recommendations*. http: //www2. ed. gov/pubs/NatAtRisk/index. html, 2016-09-10.

[2] Sergio Alfredo Canal. *California School Boards: Professional Development and the Masters in Governance Training*. University of Southern California, 2013: 35.

很少出现。但问题在于，贫困人口、少数族裔、不精通英语者等群体难于用言语表达对学校董事会的关注。因此，董事会团体应努力与市民和家长群体交往，这是学术项目得以成功的根本。优质的决策依赖于团体的责任心、对个体功能的清醒认识以及各自明确的分工，董事会成员确定政策，而管理者的角色就是执行这些政策。

（三）董事会的一致性和连贯性

董事会监督学术也存在一定的局限性，因为董事会不可能每天都到每所学校去监督每个人在做什么，提醒他们不应该做什么，董事会成员只有通过审查结果来监管学术。所以，董事会必须遵循既定的目标，同相关人员合作，保证必需的设备和资金，以达到预期目标。

（四）董事会的教育项目责任

董事会肩负着选择高质量教育项目的职责，高质量的教育项目应具备均衡的课程、提高学生积极性的学习环境，从而使学生的成功最大化，董事会要负责教育项目的评估、确保教育项目遵守法律要求、研究有效教学和学校管理的实践、支持教育项目的优质材料和设备、为学生提供服务（如指导、健康和安全方面的服务，以及开放图书馆）。[1]例如，在加利福尼

---

① Rickey Joe Williams. *Practices of Board Presidents and Superintendents in Academically High-achieving Texas Urban School Districts*. The University of Texas at Austin, 2008: 175-177.

亚州，董事会的责任评定主要包括州的"学术表现指数"[1]"加
利福尼亚中学毕业考试"、联邦的"年度进步""项目改善"
等层面。

二、解决冲突

（一）传授董事会的文化

1. 重视董事会的外部培训和内部指导

董事会鼓励新成员在任职的第一年尽可能多地参加培
训，制定培训图表。董事会主席与督学担任顾问，现有成员
通过回答问题、确认资源、解释现行政策与程序、提供问题
的背景、担任决策咨询人等方式指导新成员。[2]

2. 加强学区内的沟通

督学向董事会成员提供学区概况，安排董事会新成员与
骨干员工一起参观学校，熟悉财政、预算、课程与教学、安
全与纪律问题、学校管理问题以及其他董事会成员感兴趣的
问题。[3]

[1] Sergio Alfredo Canal. *California School Boards: Professional Development and the Masters in Governance Training.* University of Southern California, 2013: 18.

[2] Rickey Joe Williams. *Practices of Board Presidents and Superintendents in Academically High-achieving Texas Urban School Districts.* The University of Texas at Austin, 2008: 199-201.

[3] Rickey Joe Williams. *Practices of Board Presidents and Superintendents in Academically High-achieving Texas Urban School Districts.* The University of Texas at Austin, 2008: 199-201.

3. 新成员提供年度总结

董事会向新成员提供分享经历和观察发现的机会，认真提出一些建议，以便新成员更好地融入董事会队伍中。

（二）加强董事会的对话

1. 提高对指导方针的关注

董事会应一致同意指导原则，以此提高对董事会工作的关注。一旦有董事会成员提出指导原则中的某个问题，董事会其他所有成员必须认真地对待该问题。

2. 营造讨论问题的气氛

董事会成员须听取所确定问题的要点与主旨，尽量保证自己提出的问题是非防御性的，用平静的、非煽动性的言语陈述问题。全体成员须时刻关注学生，考虑什么样的教育对学生来说是最好的，避免董事会成员的个人议程。①

3. 讨论问题的程序

成员提出的问题记录在会议记录里，尚未解决的问题，在下一级程序中再次讨论。②

---

① Rickey Joe Williams. *Practices of Board Presidents and Superintendents in Academically High-achieving Texas Urban School Districts*. The University of Texas at Austin, 2008: 201-203.
② Rickey Joe Williams. *Practices of Board Presidents and Superintendents in Academically High-achieving Texas Urban School Districts*. The University of Texas at Austin, 2008: 201-203.

（三）辅助性的董事会对话

1. 确认引导者

如果问题始终没有得到积极解决，董事会将考虑雇用来自学区之外的专业人员作为引导者，引导者的作用是帮助和指导讨论，不能偏袒某一方。

2. 聘用调停者

董事会聘用专业的调停者来解决冲突，要求所有的成员诚心诚意地参与讨论。

3. 考察委员会和区域服务中心听证会

另一种公正解决问题的办法是通过考察委员会引导董事会个体的行为，组织区域服务中心听证会，给予董事会成员一个改变自己行为的机会。

（四）董事会的制裁

1. 私下的谴责行为

这种谴责分为三种：如果董事会成员不能改变其不恰当的行为，董事会可能指责或制裁这一行为；董事会举行闭门会议，私下解决问题；私下点名指出成员的不恰当行为，或由大多数成员的声明指出不适当行为。

2. 公开制裁行为

董事会也可在公开处罚与私下指责中选择任何一种进行

处罚。如果成员在私下指责之后仍然不改正行为，可再公布公开的处罚。

3. 撤销资源和要求辞职

董事会可选择撤销违法成员的财政资源，不允许其参加会议、研讨会和社区其他项目。在极端严重的情况下，董事会将一致要求违法成员辞职。①

三、校内外的交流

（一）公众交流

（1）利用法规规范的政策进行交流。

（2）法定的或地方政策用来处理学校体制中各种各样的不满和问题。

（3）法律用来约束学生安全和个人问题。

（4）用政策的规章制度解决控诉。

（5）地方公民投诉了某一董事会成员，涉及的成员提交督学或者董事会主席处理，督学或者董事会主席将根据适当的投诉政策解决问题。

（二）传播媒介的交流

董事会主席是董事会的官方发言人，只有主席才有资格

---

① The Council of the Great City Schools. "Urban School Board Survey: Characteristics, Structure, and Benefits, Second Survey and Report". *Urban Indicator*, Fall 2009: 9.

代表董事会发言，但这并不意味着限制其他成员在会议、听证会、公共集会或者媒体上发言。

（三）董事会成员与成员的交流

董事会成员有了想法后，先与督学和董事会主席进行交流，董事会成员不会给职工下达直接的命令，成员之间交流的类型包括：董事会每周的备忘录、每周的电子邮件、语音信箱、传真、电话、特殊委员会会议。

四、组建董事会联盟

（一）董事会联盟的组织结构

董事会联盟是美国最大的城市公立学校系统所组成的联盟，旨在改善城区学生的教育，领导和管理城市公立学校，激励和增强公众的信心，帮助学生达到最高的学术标准，把学生培养成具有创造力的成功人士。[①]为了解决某些特定问题，董事会联盟建立了五个特别工作组[②]：财政工作组，试图找到解决城市学校资金不均衡的途径；英语语言学习者与双语教育工作组，关注英语语言学习者所遇到的问题；成绩工作组，用来降低不同学生之间的学术成绩差距；领导和管理工作组，处理学校领导和管理问题；专业发展工

---

① The Council of the Great City Schools. *Annual Report 2014-2015*. http: //www. cgcs.org/cms/lib/DC00001581/Centricity/Domain/16/Annual%20Report%20final-website. pdf, 2016-07-14.

② 特别工作组（task forces）：是指为解决某些问题而成立的特殊工作小组。

作组，向教师和管理者提供最新的工具和技术来改善学生成绩。①

为了提供财政和管理的支持，董事会联盟在执行委员会内设三个小组委员会：规章制度小组委员会，在适当的法律和规章的框架下，界定董事会联盟的任务、职责和构成；审计小组委员会，复查和研究预算问题，确保财政收入的正确使用；成员资格小组委员会，设定合适的会员资格，招募、筛选、推荐新成员。②

（二）董事会联盟的职能及思考

联盟通过电视台和广播电台，提出新一轮的公共服务声明和视频，支持共同核心标准，推出一系列新手段，帮助学区选择与新标准一致的高质量的教材。联盟也研发一套独特的标准，帮助学区选择英语语言学习者急需的教材，鼓励出版商改善教材的质量和严谨性。③

联盟通过法规、交流、研究、技术援助，让美国的立法者、媒体和公众了解大城市学校取得的进步和存在的问题。联盟对课程、研究、测验、财政、管理运行、人力、技术、法规、交际、与其他组织和政府决策者合作等领域也都有一

---

① The Council of the Great City Schools. *Annual Report 2014-2015*. http: //www. cgcs. org/cms/lib/DC00001581/Centricity/Domain/16/Annual%20Report%20 final-website. pdf, 2016-07-14.
② The Council of the Great City Schools. *Annual Report 2014-2015*. http: //www. cgcs. org/cms/lib/DC00001581/Centricity/Domain/16/Annual%20Report%20 final-website. pdf, 2016-07-14.
③ The Council of the Great City Schools. *Annual Report 2014-2015*. http: //www.cgcs.org/cms/lib/DC00001581/Centricity/Domain/16/Annual%20Report %20final-website. pdf, 2016-07-14.

定的责任。①联盟已在2008年对美国42个学区进行调研,2014年对美国53个学区进行调查。

综上,董事会管理的特色在于:

1. 追求管理的效率

董事会在管理过程中,在坚持关注学生学术成绩的前提下,注重制定多样的管理标准与政策,提高董事会的决策能力、领导能力,积极进行财政预算。有效化解来自社区、职员和学校管理者的压力。董事会要避免出现只知道履行审批手续,机械式地盖公章的行为。董事会的有效领导主要依据政策进行管理、制定有效的管理规划与责任方案。

2. 维护伙伴关系

这种伙伴关系不仅体现在董事会成员内部,尊重各个成员的价值观念,也体现在董事会重视保持与督学、州和地方机构、社区之间有效的关系,让社区参与项目的战略规划,利用有利条件,主动实现学区目标。在做出最终决策前,获得公共的支持。在学校共同体的外部(如社区)和内部(如教师)推动消息的流动,通过内部通讯、新闻稿、互联网以及任务发布会,全面解释董事会目前的行为和被提议的行为。

3. 注重董事会成员的核心素养

董事会要求成员信守秘密,允分认识到自身被界定的成员

---

① The Council of the Great City Schools. *Annual Report 2014-2015*. http://www. cgcs.org/cms/lib/DC00001581/Centricity/Domain/16/Annual%20Report% 20 final-website. pdf, 2016-07-14.

角色。招募未来董事会成员，公职竞选或填充空额①。根据适当的自我评估，定期考察董事会的表现，坚持足够的培训。②

当然，董事会的管理也会遇到一些问题，例如，由于联邦和州的责任和评估的变化以及新的教育需求，学区正面临许多挑战。在解释政策、分配资源、调整专业发展、采用课程和教学实践等方面，董事会的有效领导将成为一个决定性的因素③。为了让董事会展现出有效的领导力，成员必须分辨出学区中的政策角色和管理角色，但在实际的管理过程中容易混淆政策角色与管理角色，很难真正厘清各自在管理体制中的角色和职责。

针对以上对美国城市公立中小学董事会的管理政策的研究，有以下几点经验值得思考：

第一，重视董事会自身的培训。应为成员提供与其供职的角色相关的各种实质性培训，提供自我评价报告、政策手册、教育报告、立场文件、国家和地方培训项目、学校法规等培训资源。董事会应积极参加团队的专业发展和培训，努力建构共享的知识、价值观和义务，为新当选的董事会成员举办上岗培训研讨班④，通过正规培训，让新成员了解董事会的职能、政策与程序，重视成员在建立目标、制定指标、调

---

① Rickey Joe Williams. *Practices of Board Presidents and Superintendents in Academically High-achieving Texas Urban School Districts.* The University of Texas at Austin, 2008: 38.
② Deborah Land. "Local School Boards under Review: Their Role and Effectiveness in Relation to Students' Academic Achievement". *Review of Educational Research*, 2002 (2): 229-278.
③ Sergio Alfredo Canal. *California School Boards: Professional Development and the Masters in Governance Training.* University of Southern California, 2013: 38.
④ 这种培训研讨班主要是任职前的培训与训练。

整资源与目标、监督过程及公众交流等方面的作用，重视成员的正规和非正规学习活动的价值。

第二，加强董事会的核心素养。董事会不仅要为自己成为有效的董事会成员而负责，还要为有效的学校体制负责。通过尽责的管理行为和集体能力，履行自身的义务和职责[1]，实现学校的有效管理。

第三，坚持集体商讨。董事会要关注政策，在政策制定、预算、适当的评价及培训等方面，与督学、其他地方机构及公众建立良好的关系。制定学区发展的远景计划，创造优质的氛围，确保财政责任与项目责任，开发课程标准，依靠政策进行管理。

---

[1] J. P. Danzberger, M. W. Kirst, M. D. Usdan. *Governing Public Schools: New Times New Requirements*. Washington, D. C. Institute for Educational Leadership, 1992: 82.

第三章

美国城市公立中小学督学的结构与管理

  人口、种族、语言和文化的多元性是美国城区的典型特征,这种多样化推动"大城市学校委员会"思考全体公民应该接受一种什么样的教育,应该用什么样的知识和技能去"武装"公民。在社会变革时期,如何快速提高国民的生活质量,才能在世界市场的竞争中处于领先地位①,这是美国城市公立中小学督学在城市化背景中面临的主要问题。随着美国城市化的进程,在美国教育体制中,城市学校督学担任了最重要又极具挑战性的工作之一②。

---

① The Council of the Great City Schools. *Annual Report 2014-2015*. http: //www. cgcs. org/cms/lib/DC00001581/Centricity/Domain/16/Annual%20Report% 20 final-website. pdf, 2016-07-14.
② The Council of the Great City Schools. "Urban School Superintendents: Characteristics, Tenure, and Salary, Eighth Survey and Report". *Urban Indicator*, Fall 2014: 1.

第一节　美国城市公立中小学督学的结构

一、督学的人口结构

2014 年，"大城市学校委员会"调查了 53 个学区，具体包括：阿尔伯克基公立学校（Albuquerque Public Schools）、奥斯汀独立学区（Austin Independent School District）、伯明翰城市学校（Birmingham City Schools）、波士顿公立学校（Boston Public Schools）、布里奇波特公立学校（Bridgeport Public Schools）、查尔斯顿县学区（Charleston County School District）、夏洛特-梅克伦堡学校（Charlotte-Mecklenburg Schools）、芝加哥公立学校（Chicago Public Schools）、辛辛那提公立学校（Cincinnati Public Schools）、克拉克县学区（Clark County School District）、克利夫兰都市学区（Cleveland Metropolitan School District）、哥伦布城市学校（Columbus City Schools）、达拉斯独立学区（Dallas Independent School District）、代顿公立学校（Dayton Public Schools）、得梅因独立社区学区（Des Moines Independent Community School District）、丹佛公立学校（Denver Public Schools）、底特律公立学校（Detroit Public Schools）、（District of Columbia Public Schools）、（Duval County Public Schools）、东巴吞鲁日教区学校系统（East Baton Rouge Parish School System）、沃思堡独

立学区（Fort Worth Independent School District）、弗雷斯诺联合学区（Fresno Unified School District）、吉尔福德县学校（Guilford County Schools）、希尔斯伯勒县公立学校（Hillsborough County Public Schools）、休斯敦独立学区（Houston Independent School District）、印第安纳波利斯公立学校（Indianapolis Public Schools）、杰克逊公立学校（Jackson Public Schools）、杰斐逊县公立学校（Jefferson County Public Schools）、堪萨斯城公立学校（Kansas City Public Schools）、小石城学区（Little Rock School District）、长滩联合学区（Long Beach Unified School District）、纳什维尔都市公立学校（Metropolitan Nashville Public Schools）、迈阿密-戴德县公立学校（Miami-Dade County Public Schools）、密尔沃基公立学校（Milwaukee Public Schools）、明尼阿波利斯公立学校（Minneapolis Public Schools）、诺福克公立学校（Norfolk Public Schools）、奥克兰联合学区（Oakland Unified School District）、奥马哈公立学校（Omaha Public Schools）、匹兹堡公立学校（Pittsburgh Public Schools）、普罗维登斯公立学区（Providence Public School District）、里士满公立学校（Richmond Public Schools）、罗切斯特城市学校区（Rochester City School District）、圣迭戈联合学区（San Diego Unified School District）、旧金山联合学区（San Francisco Unified School District）、西雅图公立学校（Seattle Public Schools）、圣路易斯公立学校（St. Louis Public Schools）、圣保罗公立学

校（St. Paul Public Schools）、棕榈滩学区（The School District of Palm Beach County）、费城学区（The School District of Philadelphia）、托莱多公立学校（Toledo Public Schools）、威奇托公立学校（Wichita Public Schools）等。通过调查进一步地研究督学，可以看出，在种族和性别比例上，督学的构成在不断地发生变化。

二、督学的任期与工作经历

2014 年，在"大城市学校委员会"中，23%的督学任期是 1 年或者不到 1 年，57%的督学任期是 1~5 年，21%的督学任期是 5 年或者 5 年以上。这与 2006 年、2008 年、2010 年的督学任期相比有所变化①（如图 3-1 所示）。2008 年的督学的平均任期是 3.4 年。②在 2014 年，92%的督学是向学校董事会负责，4%的督学是向市长负责，另外 4%的督学有其他的职责类型。③

在 2014 年，"大城市学校委员会"中的大多数督学在被任命为督学之前，92%的人是在 K-12 教育部门工作，2%的人

---

① The Council of the Great City Schools. "Urban School Superintendents: Characteristics, Tenure, and Salary, Eighth Survey and Report". *Urban Indicator*, Fall 2014: 2.
② The Council of the Great City Schools. "Urban School Board Survey: Characteristics, Structure, and Benefits, Second Survey and Report". *Urban Indicator*, Fall 2009: 13.
③ The Council of the Great City Schools. "Urban School Superintendents: Characteristics, Tenure, and Salary, Eighth Survey and Report". *Urban Indicator*, Fall 2014: 2.

是在政府部门工作，还有 8%在高等教育部门工作，另有 8%
在私营企业或者非营利部门工作。①督学的工作经历（可兼职）
为其接下来的工作奠定了基础。

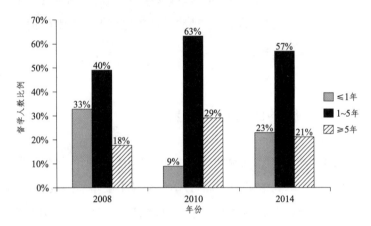

图 3-1　督学任期的比例分布及变化（2008 年、2010 年、2014 年）

（资料来源：The Council of the Great City Schools. Urban School Superintendents：
Characteristics，Tenure，and Salary，Eighth Survey and Report. *Urban Indicator*，
Fall 2014：6.）

三、督学的薪水

在 2014 年，督学的薪水范围是 99 000 美元到 339 000 美
元。其中 54%的督学在 2014 年一年能挣到 250 000 美元或者

① The Council of the Great City Schools. "Urban School Superintendents:
Characteristics, Tenure, and Salary, Eighth Survey and Report". *Urban
Indicator*, Fall 2014: 2.

超过 250 000 美元（如图 3-2 所示）。[①]但根据不同的划分标准，
督学的薪水会呈现不同水平。

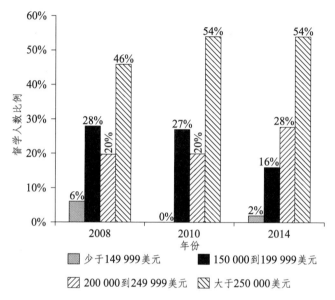

图 3-2　督学薪酬层次的比例和变化（2008 年、2010 年和
2014 年）

（资料来源：The Council of the Great City Schools. Urban School Superintendents：
Characteristics, Tenure, and Salary, Eighth Survey and Report. *Urban Indicator*, Fall
2014：8.）

　　以任期为标准进行划分的话，在 2014 年，任期为 5 年或
者超过 5 年的，其平均工资是 250 000 美元。工作 1-5 年的督
学，平均工资是 246 000 美元。工作 1 年或者不到 1 年的督

---

① The Council of the Great City Schools. "Urban School Superintendents:
Characteristics, Tenure, and Salary, Eighth Survey and Report". *Urban Indicator*,
Fall 2014: 3.

学，其平均工资是 223 000 美元（如图 3-3 所示）。[1]

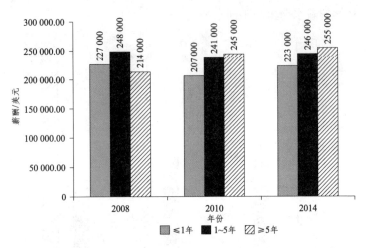

图 3-3　不同任期下督学平均工资水平变化（2008 年、2010 年和 2014 年）

（资料来源：The Council of the Great City Schools. Urban School Superintendents：Characteristics，Tenure，and Salary，Eighth Survey and Report. *Urban Indicator*，Fall 2014：8. ）

如果根据学区规模来划分的话，在 2014 年，在学生不足 50 000 人的学区，督学的平均薪水是 211 000 美元。在有 50 000~100 000 名学生的学区，督学的平均薪水是 260 000 美元。在有 100 000~200 000 名学生的学区，督学的平均薪水是 276 000 美元。在有 200 000 名学生或者超过 200 000 名学生的学区，督学的平均薪水是 281 000 美元（如图 3-4 所示）。[2]

① The Council of the Great City Schools. "Urban School Superintendents: Characteristics, Tenure, and Salary, Eighth Survey and Report". *Urban Indicator*, Fall 2014: 3.
② The Council of the Great City Schools. "Urban School Superintendents: Characteristics, Tenure, and Salary, Eighth Survey and Report". *Urban Indicator*, Fall 2014: 3.

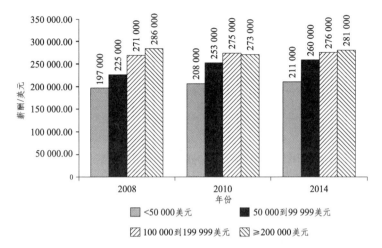

图 3-4　不同规模学区下督学平均薪酬变化（2008 年，2010 年和 2014 年）

（资料来源：The Council of the Great City Schools. Urban School Superintendents：Characteristics, Tenure, and Salary, Eighth Survey and Report. *Urban Indicator*, Fall 2014：8. ）

　　按照性别与任期来看，在 2014 年，在有 100 000 名学生或者超过 100 000 名学生的大学区，女性督学的平均任期是 3.5 年，平均工资是 265 000 美元，而男性督学平均任期是 2.47 年，平均工资是 284 000 美元；在不足 100 000 名学生的小学区，女性督学的平均任期是 3.8 年，平均工资是 203 000 美元，在同样的学区，男性督学的平均任期是 3.1 年，平均工资是 241 000 美元。[①]

① The Council of the Great City Schools. "Urban School Superintendents: Characteristics, Tenure, and Salary, Eighth Survey and Report". *Urban Indicator*, Fall 2014: 3.

第二节　美国城市公立中小学督学管理的
理念与措施

随着美国城市化的发展，城区人口的种族、语言的多样性越来越凸显，城市学校的社会环境和教育环境发生变化，中小学督学的管理措施和管理关系也随之改变。在管家理论、代理理论和扎根理论的理念下，督学管理措施体现在雇用高效的专业督学、关注学生成绩、建立"管家"与"委托人"的伙伴关系、开展有序的管理活动。督学的管理呈现专业性、学术性和合作性的特点。

在美国教育体制中，问责制和标准盛行，督学已被赋予快速、明显地改善弱势儿童学术成绩的职责，在清晰连贯的教育目的指导下，督学必须努力破除改革障碍，逐步提高管理能力，促进学生学习与教师教学质量的提升。同时，要与家长、教育工作者、学校董事会、商业和社区领导合作，要求督学充当有远见的合作者、出色的交流者以及变革的推动者。①

---

① The Council of the Great City Schools. "Urban School Superintendents: Characteristics, Tenure, and Salary, Eighth Survey and Report". *Urban Indicator*, Fall 2014: 1.

一、督学管理的理念

（一）管家理论

督学作为"管家"，是一种专业组织，具有管家的特征，极为重视合作。督学集体、团队导向的行为高于个体的行为，督学可以不顾个体的动机，做出最能代表社区利益的决定。因此，从某种意义上说，董事会相信督学的做法。管家理论假定，督学与学区有着密切的关系，督学把学区的利益置于个人利益之上，探讨督学与董事会首席执行官的关系。戴维斯把"管家"的行为界定为集体的、共有的，因为"管家"总是在寻求获得与组织相同的目标，"管家"承担着组织的隶属关系，而这种隶属关系影响着董事会与组织的最佳利益。①由于学校董事会与督学的目标是一致的，所以管家理论认为，应该减少学校董事会与督学的冲突。管家理论关注的是主动掌握的治理结构，而不是控制行为②，督学与学校董事会在互相信任的基础上，通过组织目标的实现，满足督学的需求。

① J. H. Davis, F. D. Schoorman, L. Donaldson. "Toward a Stewardship Theory of Management". *The Academy of Management Review*, 1997 (1): 24.
② Rickey Joe Williams. *Practices of Board Presidents and Superintendents in Academically High-achieving Texas Urban School Districts*. The University of Texas at Austin, 2008: 54-55.

（二）代理理论

"代理理论"是指随着经济交流的发展，"代理人"和"委托人"之间发展的业务关系。"代理人"聘用"委托人"代表"代理人"履行一些服务职能。在这种关系中，学校董事会授权督学代表董事会①，让督学作为董事会的"代理人"，领导和管理学区。在代理关系中，学校董事会变成了"委托人"，督学成为"代理人"。"代理理论"假定，学校董事会与督学试图把他们的利益和效用最大化②，因此，为了减少给学区带来的风险，"代理关系"按照合同规定的管制、补偿、惩罚或者激励措施来控制督学的行为。③

管家理论与代理理论对督学的管理是不同的，在学校董事会与督学的利益和目标相一致时，就会存在实际的"看管关系"④，当二者的利益和目标冲突时，就会存在"代理关系"。督学比较容易与一些董事会成员产生"代理关系"。然而，督学与其他董事会成员的"看管关系"可能会随着利益的改组而有所变化。因此，选择"委托人—代理人"关系还是"委托人—管家"关系，更多关注的是执行的任务而不是雇

---

① Tamar Gutner. "Explaining the Gaps Between Mandate and Performance: Agency Theory and World Bank Environmental Reform". *Global Environmental Politics*, 2005 (2): 10-37.

② J. H. Davis, F. D. Schoorman, L. Donaldson. "Toward a Stewardship Theory of Management". *The Academy of Management Review*, 1997 (1): 20-47.

③ Peter Wright, Ananda Mukherji, Mark J. Kroll. "A Reexamination of Agency Theory Assumptions: Extensions and Extrapolations". *Journal of Socio-Economics*, 2001 (5): 413.

④ L. E. Preston. "Agents, Stewards, and Stakeholders". *The Academy of Management Review*, 1998 (1): 9.

用时建立的关系①，这就需要用"扎根理论"研究督学有效的管理实践。

（三）扎根理论

1976 年格拉泽（B. G. Glaser）与施特劳斯（A. L. Strauss）在《扎根理论的发现：定性研究的策略》（*The Discovery of Grounded Theory: Strategies for Qualitative Research*）首次提出"扎根理论"，认为"扎根理论"是一种发现理论的方法②。格拉泽与施特劳斯发展的是一种社会研究的方法，该方法反对证实理论或者推翻理论，它试图凭借收集数据进行社会研究，以新近收集的数据为基础开展研究，并以此为基础创立新理论。梅尔滕斯指出，扎根理论是一种相互影响的理论创建方法，它涉及数据和问题的对比。③"扎根理论"用数据全面描述了督学与学校董事会之间的动态关系。

二、督学管理的措施

（一）雇用高效的专业督学

学校董事会作为一个工作团队来聘用督学，对人事议程

---

① Robert Albanese, M. T. Dacin, I. C. Harris. "Agents as Stewards". *The Academy of Management Review*, 1997 (3): 610.
② B. G. Glaser, A. L. Strauss. *The Discovery of Grounded Theory: Strategies for Qualitative Research*. New York: Aldine Publishing Company, 1967: 3.
③ D. M. Mertens. *Research and Evaluation in Education and Psychology: Integrating Diversity with Quantitative, Qualitative, and Mixed Methods* (2nd ed.). London: Sage Publications, 2005: 423.

来说，这是一个艰难的过程，它具有许多风险，因为，督学的族裔结构在不断地发生变化。根据"扎根理论"重视数据的特点，2014 年，"大城市学校委员会"调查了安克雷奇学区、亚特兰大公立学校等 53 个学区，根据 2003 年和 2014 年的数据可以看出，城市督学的族裔结构趋向于多样化（见图 3-5 ）。

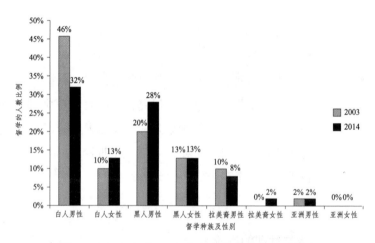

图 3-5　2003 年和 2014 年督学的种族与性别分布

（资料来源：The Council of the Great City Schools. Urban School Superintendents：Characteristics，Tenure，and Salary，Eighth Survey and Report. *Urban Indicator*，Fall 2014：1.）

　　但是，对于学区来说，这是学校董事会与督学协同制定教育学生新规划的良机。聘用督学大致通过以下步骤：第一，候选人的认定。在学区公开招聘或者通过宣传、聘请顾问等方法确定候选人。第二，复查履历。第三，确认候选人的面试名单。第四，面试候选人。董事会在面试前决定讨论话题的清单，包括学区使命与目标、当前教育问题、董事会的期望等。在面试过程中每次都用同样方式向不同候选人询问同样的问题，公平地对待所有的候选人，不做倾向性引导。第五，面试结束后，评价候选人。第六，向候选人发出邀请函。董事会与法律顾问商议合同的措辞，与候选人商定薪金和合同条款，公开宣布最后的录用决定[1]，聘请有经验的专家督学来管理工作。

（二）关注学生成绩

在《不让一个孩子掉队法案》颁布之后，州和联邦责任制度逐渐发展，学区要对教育结果的传送负责。随着公众审议的不断增加和公众对学生成绩的持续关注，学校董事会作为政策的制定者，与督学的关系也相应地发生改变。[2]马尔扎诺、沃特斯和麦克纳尔蒂指出，学校领导的三种品质特征和学生成绩有直接的正相关：对课程的了解与参与、教育和评估；监测和评估有效的教学实践；向教师提供成功所必需的材料和专业发展。[3]

作为一个复杂的组织，学区由许多元素组成，在利益相

① Rickey Joe Williams. *Practices of Board Presidents and Superintendents in Academically High-achieving Texas Urban School Districts*. The University of Texas at Austin, 2008: 182-183.
② Elizabeth Hall Hamilton. *The Role of the Superintendent in Ensuring School Board Focus on Student Achievement*. University of Southern California, 2012: 1.
③ Elizabeth Hall Hamilton. *The Role of the Superintendent in Ensuring School Board Focus on Student Achievement*. University of Southern California, 2012: 2.

关者群体中,他们以不同的形式参与或者不参与学区活动(见表 3-1),但是,无论如何,学区的主要功能还是教育孩子,学区办公室围绕标准的教育和课程结构,为校长和教师提供专业学习。麦基弗和法利认为,课程、教育、评估的一致性是学生成绩的最基本要素。[1]在《不让一个孩子掉队法案》实施后,督学必须充分利用资源,把学校董事会、学区部门、学校领导、社区合伙人努力拧成一股绳,为学生的成绩和有效的教学提供服务。[2]

表 3-1　利益相关者群体参与和不参与学区活动的表现形式

利益相关者	参与的形式	参与的阻力
学区行政部门	督学与社区召开公开的预算会议	一些社区成员认为督学和董事会是"局外人"
公立学校家长	家长参加董事会会议或者家长—教师组织会议	家长在孩子就读的学校曾有过糟糕的经历
特许学校[3]家长/职员	特许学校家长参与有组织的抗议,反对特许学校最高限额的注册	一些社区成员视特许学校为公立学校的"敌人",这种隔阂限制了特许学校与公立学校的合作

[1] Elizabeth Hall Hamilton. *The Role of the Superintendent in Ensuring School Board Focus on Student Achievement*. University of Southern California, 2012: 1-2.
[2] Elizabeth Hall Hamilton. *The Role of the Superintendent in Ensuring School Board Focus on Student Achievement*. University of Southern California, 2012: 6.
[3] 特许学校(Charter School):美国特许学校、契约学校,一种公共资助的独立学校,由教师、家长或社区团体经政府特许后建立。参见陆谷孙编《英汉大词典》(第二版),上海:上海译文出版社,2012 年,第 314 页。

续表

利益相关者	参与的形式	参与的阻力
政治家	州政府官员制定影响公立学校的政策	城市政府、学区、社区组织之间缺乏交流，放慢了改革步伐
教师	一些教师与督学参加顾问董事会会议	教师感觉在大型活动中，就像一个走卒
社区组织	地方非营利组织主持教育峰会	不同的社区组织为了拨款或者学区钱财而相互竞争，彼此不相互交流或合作
地方大学	大学教员与学区教师合作开发课程	大学与社区有不良关系史；社区成员不信任大学在社区的行为
合作学校	艺术组织在与州政府、董事会、督学建立一种开放关系之后，开办学校	艺术组织在开办之前，不能获得社区领导的同意；由于社区的抵制，缺乏沟通，暂缓了建立学校的进程

［资料来源：Katherine Schultz，Kathryn C. McGinn. "No One Cares About This Community More Than Us": The Role of Listening, Participation, and Trust in a Small Urban District. *Urban Education*，2012（6）：777-778. ］

（三）建立"管家"与"委托人"的伙伴关系

根据"管家理论"和"代理理论"，学校董事会作为"委托人"，负责界定学区目标和制定政策，这些政策用来保障目标和任务的实现。督学作为"管家"，任务是实施学校董事会制定的目标和政策，雇用督学是学校董事会的职责，学校董事会基于目标和政策来评估督学的工作业绩。

二者之间要建立，有效的工作关系。学校董事会是一个管理部门，督学是这个管理组织的 CEO，所以，在工作中学校董事会必须给督学留有自由活动的空间，不干预督学的日常管理细节，以便督学有效完成学校董事会的指示。在与学校董事会的交往中，督学的工作是采取行动和解决问题，学校董事会不侵犯行政管理体制，否则会引起学校董事会、督学和职工之间的不和谐。学校董事会成员与督学之间也会互相交流，体现在：学校董事会及时通知督学关心的问题和消息；学校董事会通过公众听证会、董事会定期会议、家长咨询委员会会议、定期出版物等途径与社区进行交往；禁止董事会成员在董事会会议室之外谈论官方职责。督学与学校董事会、职工的关系表现在：学校董事会负责指导的唯一雇员是督学、督学指导所有职工的活动、督学是学校董事会成员和职工的联络员。

（四）开展有序的管理活动

督学的管理活动主要包括：在预算中优先考虑职员薪金；向董事会成员提供州和联邦议员的名字、地址、电话号码，鼓励董事会成员就教育问题与议员取得联系；向董事会推荐、准备和提交地方发展的优先和成熟政策；与董事会共同制定学区的策略、计划；每月向董事会成员至少报告一次管理活动情况；向董事会成员提供即将进行的董事会议程的消息；与董事会主席一道处理董事会个别成员的错误行动；向董事会成员提供有关学区问题的培训；雇用或者指派董事会秘书安排培训、准备旅游路线、向董事会成员传送信息；明确董事会考虑和制定政策的运行程序；开发向董事会提供每周书面报告的系统。①

三、督学的管理特点

（一）专业性

通过对美国城市公立中小学督学的管理活动与管理关系的研究看出，美国城市公立中小学把学校的管理权交付专家式的督学，督学在 K-12 教育、政府部门、高等教育管理部门、私营部门、非营利性部门的丰富工作经历（见图 3-6），为督学的管理工作奠定了一定的理论和实践基础，这大大提高了督学在学校的管理效率，使得学校管理成为一个专业化的管理区域。

（二）学术性

无论是美国公立中小学董事会在制定政策时，还是督学

① Rickey Joe Williams. *Practices of Board Presidents and Superintendents in Academically High-achieving Texas Urban School Districts*. The University of Texas at Austin, 2008: 163.

在管理学校日常运作时，学生的学术成绩都是他们共同关注的目标。他们首要关注的仍是学生的学术表现，提高学生的学术成绩，引导学生意识到学术成绩与工作的关系，增强学生的专业知识和素养。

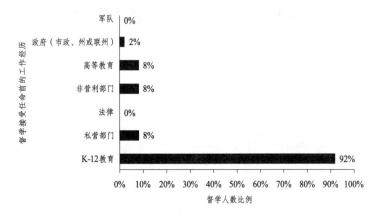

图 3-6　2014 年督学接受任命前的工作经历分布

（资料来源：The Council of the Great City Schools. Urban School Superintendents：Characteristics，Tenure，and Salary，Eighth Survey and Report. *Urban Indicator*，Fall 2014：2-6.）

（三）合作性

美国公立中小学董事会的主要职能是制定政策，在此基础上，董事会委托督学实施政策，督学的角色主要是负责学校的日常管理工作，董事会基于工作绩效评估督学的工作表现，双方在学校的管理中形成了有效的工作关系，彼此相互交流和沟通。学区行政部门、政客、社区组织、学校员工、地方大学、社区成员、公立学校、家长等利益相关者，与督学也建立合作的工作关系。

第四章

美国 K–12 综合咨询项目的发展与实施

在平等、高水准的学术成绩、高品质的个人素养和极强的社会适应能力的理念之下，美国基础教育提出了学校综合咨询项目（Comprehensive School Counseling Program，以下简称 CSCP）。CSCP 是一个系统咨询项目，旨在为 K-12 学生提供学术、职业、个体和社会发展的咨询。项目理念、传送系统、管理系统、责任系统构成了 CSCP 国家模式。在 CSCP 国家模式的框架下，综合咨询项目提供咨询、课堂指导、协调、转送、应急等专业干预和服务，提供发展性、整合性和公正性的咨询项目。

第一节　学校综合咨询项目（CSCP）的发展与构成

CSCP 是一个系统的发展项目，它旨在满足 K-12 学生的学术、职业、个体和社会发展方面的需要。CSCP 经过 20 世纪初的创建、20 世纪中期的拓展与转折、21 世纪的标准化发展，在学术、职业、个人和社会发展四个领域提供咨询服务。

一、CSCP 的发展

（一）1909 年到 20 世纪 20 年代：学校咨询的开创

1909 年，帕森斯（F. Parsons）出版的《职业的选择》（*Choosing a Vocation*）拉开了学校指导运动的序幕，帕森斯通过学生从学校向工作的转变和其职业决策过程，为学校职业顾问指导学生设计了指导步骤。[①]在帕森斯工作的基础上，波士顿学校设置了顾问，建立波士顿职业局，职业局力求通过提供职业指导，避免学生辍学。在这些发展的基础上，小学、中学和高中把职业指导植入课堂课程，职业指导逐渐形成体系[②]，指导和咨询成为美国教育体制的一个重要组成部分。

---

① Megyn L. Shea. *School Board Member and School Counselor Perceptions of School Board Knowledge, Priorities, and Policy*. Oregon State University, 2013: 14.

② Megyn L. Shea. *School Board Member and School Counselor Perceptions of School Board Knowledge, Priorities, and Policy*. Oregon State University, 2013: 14-15.

（二）20 世纪 30 年代到 50 年代：学校咨询的拓展与转折

随着职业指导运动的发展，学校继续关注如何帮助学生进行职业选择。20 世纪 30 年代拓展的指导与咨询领域包含教育服务、个体服务与社会服务，到 20 世纪中期，罗杰斯（Carl Ransom Rogers）发表《咨询与精神治疗：最新的概念与实践》（ *Counseling and Psychotherapy: Newer Concepts in Practice*，1942）、《当事人中心治疗：目前的实践、应用与理论》（ *Client-Centered Therapy: Its Current Practice, Implications and Theory*，1951）等力作，学校咨询出现重大转变，其著述促使心理健康和"一对一"的学生咨询成为学校指导的核心部分。[①]

（三）1958 年到 20 世纪 60 年代：学校咨询的"精英化"

1957 年，苏联成功发射第一颗人造卫星，震惊了美国朝野，如何通过教育提升美国国际竞争力，如何培养精英式人才，成为教育特别关注的问题。1958 年，美国颁布《美国国防教育法》（National Defense Education Act，简称 NDEA），标志着学校咨询的又一重大发展。这种发展体现在，NDEA 提供培训，帮助学校顾问发掘那些天赋异禀的青少年，并引导有理工方面才华的学生走向科学岗位。

[①] Megyn L. Shea. *School Board Member and School Counselor Perceptions of School Board Knowledge, Priorities, and Policy.* Oregon State University, 2013: 16.

（四）20 世纪 60 年代到 90 年代：从咨询概念到综合咨询项目

学校咨询和指导概念作为一个发展项目真正出现在 20 世纪 60 年代，并持续演化到 90 年代。[1]麦克唐纳（G. MacDonald）指出，作为一个系统化的项目，学校综合咨询项目关注的是学生在教育、职业、个人与社会领域的技能发展，它可以最大限度地减少以管理危机为中心的操作模式[2]，以有计划的预防性活动为主，强化学校咨询和指导。[3]

（五）21 世纪以来：学校咨询的"平民化"与标准化

2001 年的《不让一个孩子掉队法案》要求缩小学生之间的成绩差距，尤其关注处境不利的学生和少数族裔的学生。一些团体，例如美国学校顾问协会（American School Counselor Association，简称 ASCA）和教育信托基金也意识到学校改革几乎不涉及学校顾问。为了增强顾问在缩小学生成绩差距上的作用，ASCA 联合教育信托基金，开发了 CSCP 国家模式。[4]

---

① Megyn L. Shea. *School Board Member and School Counselor Perceptions of School Board Knowledge, Priorities, and Policy.* Oregon State University, 2013: 16.
② Christopher A. Sink, Ginger MacDonald. "The Status of Comprehensive Guidance and Counseling in the United State". *Professional School Counseling*, 1998 (2): 88-94.
③ American School Counselor Association. *Role Statement: The School Counselor.* http://www. elcosd. org/ms/guide_health/elco/Role%20Statement. pdf, 2016-11-05.
④ Megyn L. Shea. *School Board Member and School Counselor Perceptions of School Board Knowledge, Priorities, and Policy.* Oregon State University, 2013: 17.

二、学校综合咨询项目的国家模式

ASCA 制定的学校综合咨询项目是一个开发、传送、管理和评价 CSCP 的框架[1]，它明确了学校顾问的角色和职能，鼓励顾问花费更多时间进行商讨、咨询、协作、课程指导等活动[2]。ASCA 指出，研发、传送、管理、评估是 CSCP 国家模式的基石[3]，CSCP 国家模式通过提高学术成绩、促进职业规划、提升个人及社会发展来支持学校的总体任务[4]。CSCP 国家模式包括项目理念、传送系统、管理系统、责任系统四个要素。[5]

(一) 项目理念

项目理念以如何提高学生成绩，了解每个学生应知道什么和能做什么为基础，项目理念决定了每位学生如何从学校咨询中获益。项目理念包括：第一，信念和思想体系。CSCP 国家模式的思想体系是一套指导咨询项目开发、实施和评估的准则与规范，所有实施和管理咨询项目的成员都应坚守相同的信念或指导原则。第二，任务。CSCP 国家模式的任务描

---

[1] American School Counselor Association. *Role Statement: The School Counselor*. http://www.elcosd.org/ms/guide_health/elco/Role%20Statement.pdf, 2016-11-05.

[2] Janna L. Scarborough. "The School Counselor Activity Rating Scale: An Instrument for Gathering Process Data". *Professional School Counseling*, 2005 (3): 274-283.

[3] Megyn L. Shea. *School Board Member and School Counselor Perceptions of School Board Knowledge, Priorities, and Policy*. Oregon State University, 2013: 44.

[4] American School Counselor Association. *The ASCA National Model: A Framework for School Counseling*. http: //www. fultonschools. org/en/divisions/ acd/supportserv/Documents/Counseling/ModelExecutiveSummary. pdf, 2016-09-15.

[5] American School Counselor Association. *The ASCA National Model: A Framework for School Counseling*. http: //www. fultonschools. org/en/divisions/ acd/supportserv/Documents/Counseling/ModelExecutiveSummary. pdf, 2016-09-15.

述了咨询项目的目标与目的,CSCP 国家模式任务是学校和社区任务的子集,与学校和社区的任务保持一致。第三,ASCA国家标准。所有咨询项目都意在帮助学生提高学术成绩、制定职业规划、开发个人与社会发展的本领和技能。①

(二)传送系统

传送系统建立在项目理念的核心信念、思想体系和任务的基础上,涉及传输项目过程中的活动、相互作用与方法②。传送系统包括:第一,指导课程。指导课程精心安排,通过课堂与小组活动系统地向学生呈现结构化的发展经验,帮助学生获得预期能力,向学生提供适合其发展的知识和技能。指导课程按照自我了解、教育与职业探索、职业规划三个领域进行组织③,关注决策、目标制定、同伴关系、自知、职业意识、工作类别、劳动力市场信息、教育与职业规划。第二,个人规划。个人规划活动帮助学生发展、分析、评估教育及职业的目标与计划,分析如何把兴趣、能力、教育规划、学术成绩、职业信息对接起来。④在 CSCP 国家模式中,学校顾问协调系统的活动,逐一与学生交流,帮助学生建立个人目

---

① American School Counselor Association. *The ASCA National Model: A Framework for School Counseling.* http: //www. fultonschools. org/en/divisions/ acd/supportserv/Documents/Counseling/ModelExecutive Summary. pdf, 2016-09-15.

② American School Counselor Association. *The ASCA National Model: A Framework for School Counseling.* http: //www. fultonschools. org/en/divisions/acd/ supportserv/ Documents/Counseling/ModelExecutiveSummary. pdf, 2016-09-15.

③ Utah State Board of Education. *Utah Comprehensive Counseling and Guidance Program Model.* http: //files. eric. ed. gov/fulltext/ED370005. pdf, 2016-09-25.

④ North Carolina State Department of Public Instruction. *Guidance Curriculum for the Comprehensive School Counseling Program, K-12.* http: //www. ncpublicschools. org/docs/curriculum/guidance/resources/programs-study. pdf, 2016-10-11.

标和未来发展规划。第三，应急服务。应急服务是为健康发展出现问题的学生提供特殊帮助，[1]对个体学生即时问题和需要做出反应。学生问题涉及学术、个体咨询、团体咨询、信息传播、危机干预、社会关系、职业信息、安全、商讨和转送等。除此之外，学校顾问也会对寻求特殊信息的家长、监护人、学校职员的诉求，做出积极回应。第四，系统支持。学校咨询项目需要一个不断发展的支持系统，以此建立、维持和提高整个咨询项目。系统支持的管理活动分两个部分，一个是增加指导课程、个人规划和应急服务的活动，包括项目开发、项目评估、跟踪研究、专业发展活动、项目规划与管理、家长教育、材料发展、测验、社区关系；另一个是支持学校的其他项目，包括支持学校测验项目、帮助教师确认学生需要、服务学校和课程委员会、处理公共关系等活动。[2]

（三）管理系统

管理系统保障咨询项目的组织性和明了性。具体来说，管理系统包括：第一，管理协议。管理协议负责咨询项目的管理，保证传送系统的有效实施。第二，顾问委员会。顾问委员会的职能是复查咨询项目的结果，提出建议。学生、家长、教师、辅导顾问、社区人员可作为代表，参与顾问委员

---

[1] North Carolina State Department of Public Instruction. *Guidance Curriculum for the Comprehensive School Counseling Program, K-12.* http: //www. ncpublicschools. org/docs/curriculum/guidance/resources/programs-study. pdf, 2016-10-11.

[2] Connecticut School Counselor Association, Connecticut Association for Counselor Education and Supervision, Connecticut State Department of Education. *Connecticut Comprehensive School Counseling Program.* http: //files. eric. ed. gov/fulltext/ED469351. pdf, 2016-10-24.

会。第三，数据运用。咨询项目是靠数据运作的，项目活动是经过分析学生的需要、成绩和相关数据后实施的，数据的使用影响到学校体制内部的变化，是每个学生从学校咨询获益的一个环节。第四，行动计划。为获得预期结果，咨询项目须制定行动规划，规划内容包括让学生具备哪些能力、开展哪些活动来提高学生能力、谁负责安排活动、衡量能力的数据、评估学生成功的方法与工具、期望学生达到什么程度。第五，日程表的使用。在顾问确定传送系统花费的时间之后，公布每周日程表，以便家长、学生、教师和管理者熟悉日程安排，提高效率。①

(四）责任系统

1. 对学生的责任

首先，学校顾问要在技术上对学生负责，顾问通过电脑、传真机、电话、语言信箱、电话答录机储存或传送学生信息和记录，提升技术的运用，采取适当措施保证学生信息的私密性；其次，帮助学生制定有关学术、职业、大学、个人与社会的系列咨询计划，利用数据帮学生缩小成绩和机会差距，保障每个学生在职业、学术、个人与社会发展上有平等的机会；再次，积极处理危险，维护团队工作。顾问在小组活动中，发现学生对自己或他人造成危险时，要采取合理的预防

① American School Counselor Association. *The ASCA National Model: A Framework for School Counseling*. http://www.fultonschools.org/en/divisions/acd/supportserv/Documents/Counseling/ModelExecutiveSummary.pdf. 2016-09-15.

措施防止成员身心受到伤害，在与咨询专家商议后，需向家长汇报风险评估。①

2. 对家长与监护人的责任

学校顾问根据法律、地方指导方针、咨询活动的道德标准，尊重家长或监护人的权利与责任，与家长或监护人建立适当的合作关系。让家长或监护人了解学校环境中提供的咨询服务的本质，用客观方式向他们提供精确的综合信息，以便为学生提供最好的咨询服务。顾问也向家长提供定期的研讨会书面或数字信息，通知家长或监护人参与小组活动，增加家庭与学校的相互理解和合作。②

3. 对学校与社区的责任

其一，制定总体进度表。在许多学校，学校顾问以专家和咨询者身份参与制定学校进步表。其二，测试协调者。在高风险测验不断增加的领域，顾问成为分析测验结果与学生成绩关系的适当人选，参与测验的准备工作。其三，训导。顾问不会去处罚和管教学生，他们的角色是在训导学生前后向学生提供咨询，判定导致学生行为受到纪律处分的原因，开发和传送学校遏制违反纪律行为的课程，帮助学校领导小组指定政策等。其四，为了学生的最大利益，与社区组织合作，帮助开发适合于学校与社区的课程和环境，研发学生需

---

① American School Counselor Association. *Ethical Standards for School Counselors*. http: //www. schoolcounselor. org/asca/media/asca/home/Ethical Standards 2010. pdf, 2016-09-19.
② American School Counselor Association. *Ethical Standards for School Counselors*. http: //www. schoolcounselor. org/asca/media/asca/home/ Ethical Standards2010. pdf, 2016-09-19.

要的教育项目与咨询评估，利用社区资源扩大影响。①

4. 自我责任

大多数学校顾问接受过精神健康和教育上的正规训练，不断拓展自己的专业能力与知识，提升自我意识、专业效率、道德实践；检查自身的情感、心理和身体健康状况，确保取得最佳的咨询效果；面对多样的人口，拓展自己的多元文化和社会公正意识，反对年龄歧视、种族主义、性别歧视、阶级歧视等。②

5. 对职业的责任

学校顾问坚守职业道德标准及官方政策；积极参与专业协会，分享实施和评估的结果与实践；向新顾问提供支持与指导；在学术、职业、个人与社会发展领域，向新顾问提供经验；监督学校顾问的候选人，让候选人有机会参与开发、实施、评估以数据为导向的咨询项目模式；③向社会福利工作者、辍学预防协调员、药物滥用预防协调员、备选的学校顾问、特殊儿童工作顾问提供潜在的职业发展机会。④

① American School Counselor Association. *Ethical Standards for School Counselors*. http://www. schoolcounselor. org/asca/media/asca/home/Ethical Standards2010. pdf, 2016-09-19.
② American School Counselor Association. *Ethical Standards for School Counselors*. http://www. schoolcounselor. org/asca/media/asca/home/Ethical Standards2010. pdf, 2016-09-19.
③ American School Counselor Association. *Ethical Standards for School Counselors*. http://www. schoolcounselor. org/asca/media/asca/home/Ethical Standards2010. pdf, 2016-09-19.
④ Franciene S. Sabens, Brett Zyromski, *Aligning School Counselors, Comprehensive School Counseling Programs, and the No Child Left Behind Act of 2001*. http://files. eric. ed. gov/fulltext/EJ886145. pdf, 2016-10-11.

第二节 学校综合咨询项目所提供的服务

一、提供咨询项目

第一，整合性项目。在整合性项目中，职业指导和咨询被融入传统课程的所有领域。例如，交际能力自然地融入语言艺术课程、问题解决能力融入科学与数学课程、社交能力融入社会科学课程、精神健康概念融入健康与科学课程。博德斯认为，作为一种成熟的自主项目，咨询和指导是有目的的、有次序的，整合性项目保障了所有学生有机会参与咨询项目。[1]

第二，发展性项目。克拉克指出，有效的咨询项目建立在人类发展理论基础之上，这些理论基础包括皮亚杰的认知发展理论、埃里克森的社会心理发展阶段理论、卢文格的自我发展理论、塞尔曼的社会认知理论、科尔伯格和吉利根的道德发展理论[2]。这些理论阐述了功能在不同发展领域的次序

---

[1] L. DiAnne Borders, Sandra M. Drury. "Comprehensive School Counseling Programs: A Review for Policymakers and Practitioners". *Journal of Counseling and Development*, 1992 (4): 488.

[2] 皮亚杰（Jean Piaget）的"认知发展理论"（cognitive development theory）1954 年提出；埃里克·埃里克森（Erik H. Erikson）的"社会心理发展阶段理论"（stages of psychological development）1968 年提出；简·卢文格（Jane Loevinger）的"自我发展"（ego development）1976 年提出；罗伯特·塞尔曼（Robert Selman）的"社会认知理论"（social cognition theory）1980 年提出；劳伦斯·科尔伯格（Lawrence Kohlberg）和卡罗尔·吉利根（Carol Gilligan）于 1981 年和 1982 年提出"道德发展理论"（theories of moral development）。

性和层次性①，发展性项目的内容、目标和干预反映了这种理论基础。个体都会经历发展的一般阶段，学生按照循序渐进的方式向自我理解和自我提高的方向发展。因此，必须系统地组织学校咨询项目，进一步预测和实现学生的职业、学术、个人、社会发展方面的需要②。设计发展性项目是为了帮助学生应对每个阶段的正常发展任务，桑德拉·德鲁里（Sandra M. Drury）指出，发展性项目既具有前摄性，也有预防性，它帮助学生获得能完成正常发展任务所必需的知识、技能、自我意识与态度。例如，在小学，用激励方式鼓励学生学习新技能，在中学，学生开始学习概括和解决问题的方法、关注同伴关系和独立性，在高中，学生的抽象性思维和逻辑推断能力得到进一步发展③。因此，贝克认为，各种各样缜密的心理教育项目会对学生的道德与发展产生积极影响。④

第三，公正项目。休厄尔指出，有效的学校咨询项目要平等地服务所有的学生⑤，公正地分配教育和职业机会。项目服务的对象上，不论学生资质如何，条件如何，不论学生的宗教、来源国、文化背景、性别、城乡区域、社会经济地位

① Reba Clark, Greg H. Frith. "Writing a Developmental Counseling Curriculum: The Vestavia Hills Experience". *The School Counselor*, 1983 (4): 292-298.
② Connecticut School Counselor Association, Connecticut Association for Counselor Education and Supervision, Connecticut State Department of Education. *Connecticut Comprehensive School Counseling Program*. http://files. eric. ed. gov/fulltext/ED469351. pdf, 2016-10-24.
③ L. DiAnne Borders, Sandra M. Drury. "Comprehensive School Counseling Programs: A Review for Policymakers and Practitioners". *Journal of Counseling and Development*, 1992 (4): 488.
④ Stanley B. Baker, John D. Swisher, Peggy E. Nadenichek, Cynthia Lausberg Popowicz. "Measured Effects of Primary Prevention Strategies". *The Personnel and Guidance Journal*, 1984 (8): 459-464.
⑤ Karen S. Sewall, Charles W. Humes. "Use of a National Data Base to Assess Handicapped Students' Perceptions of Counseling". *The School Counselor*, 1988 (1): 41-46.

如何，都有平等的机会接触顾问，享受指导课程、咨询及所
有其他的直接和间接服务。[①]

二、提供专业干预

（一）咨询

咨询可能以个人的形式提供，也可能以小组的形式提供[②]。
对于个体咨询，谈论的话题是个人的问题和发展任务等，通
过咨询帮助个别学生明确问题，分析原因，判断形势，做出
抉择，预测可能出现的结果，制定适当的行动计划。团体咨
询是围绕小组所有成员面临的共同问题展开的，学校顾问通
过使用适当的群体处理技能来解决问题。[③]

学校顾问关注学生需要，开展有序的咨询活动，这些咨
询活动包括：与咨询项目主管、学校护士、特殊教育工作者、
学校社会福利工作者、学校心理学家、大学顾问、物理治疗
师、职业治疗师[④]、语言病理学家合作，向学生和其他参与者
提供最优质的服务和治疗[⑤]；针对不同学生个体，设计相应的
项目；就迟到、无故旷课等纪律问题，向学生提供咨询；解

---

① L. DiAnne Borders, Sandra M. Drury. "Comprehensive School Counseling Programs: A Review for Policymakers and Practitioners". *Journal of Counseling and Development*, 1992 (4): 489.
② Utah State Board of Education. *Utah Comprehensive Counseling and Guidance Program Model*. http://files. eric. ed. gov/fulltext/ED370005. pdf, 2016-09-25.
③ Utah State Board of Education. *Utah Comprehensive Counseling and Guidance Program Model*. http://files. eric. ed. gov/fulltext/ED370005. pdf, 2016-09-25.
④ 职业治疗师：使用特定的技能训练帮助受伤者或者病患者恢复健康。
⑤ American School Counselor Association. *Ethical Standards for School Counselors*. http://www. schoolcounselor. org/asca/media/asca/home/ Ethical Standards2010. pdf, 2016-09-19.

释认知测验、成绩测验与能力倾向测验；协助教师提供主动的、以预防为主的指导课程；分析"平均积分点"①与成绩的关系；向教师提供管理自习课的建议；帮助校长确认和解决学生问题。②

(二)课堂指导

课堂指导是实施咨询项目的一种直观方法，它处理所有学生的总体发展需要。一般来讲，课堂指导是一种系统安排的单元，建立在学生在某一特定阶段共同发展的需要和兴趣的基础之上，系统安排的单元可根据特别的需要或事件进行设计。教师也可为了解决不同群体的问题（如优生之间的竞争或压力），要求顾问设计指导单元。斯旺森（Laura Swanson）等人通过对佛罗里达和印第安纳四年级学生态度的研究发现，课堂指导对目标学生（有着消极的态度）和优秀学生（有着积极的态度）的课堂行为和态度都产生了积极影响。③威尔逊（Natalie Susan Wilson）通过研究指导单元对六年级差生考试表现的影响发现，参与课堂指导的学生的期末考试等级高于对照检验组的学生④。邦迪（Michael L. Bundy）等人通过

---

① 平均积分点：是指在美国教育体制中，学生在某一时期内各科成绩的平均成绩点数。
② American School Counselor Association. *The ASCA National Model: A Framework for School Counseling*. http: //www. fultonschools. org/en/divisions/acd/supportserv/Documents/Counseling/ModelExecutiveSummary. pdf, 2016-09-15.
③ Robert D. Myrick, Harriette Merhill, Laura Swanson. "Changing student attitudes through classroom guidance". *The School Counselor*, 1986 (4): 244-252.
④ Natalie Susan Wilson. "Effects of A Classroom Guidance Unit on Sixth Graders' Examination Performance". *The Journal of Humanistic Education and Development*, 1986 (2): 70-79.

检验指导单元对单独在家的中学生处理问题能力的影响发现，经过指导员引导后的学生提高了自我照顾的能力，家长也反馈，他们对孩子自我照看的能力充满信心。[①]学校综合咨询项目运动已把指导课程引入正规的学术课程，增加了教师对服务传送的参与性。[②]

（三）协调

协调活动通常包括组织和管理正常的项目活动和特殊活动。学校顾问协调辅助人员、志愿者、项目指导委员会、学校—社区顾问委员会的工作，编写和修订政策，协调对特殊学生的服务，如诊断性评价、安置、记录的保持与复查、规划会议等。协调活动促进了咨询项目的有效管理，通过协调活动，使得顾问拥有更多时间向学生提供直接和间接的服务。[③]

（四）转送

在遇到危及学生生命的严重问题时，例如虐待、嗜毒、药物滥用、不治之症、自杀倾向、抑郁症、安全问题、过度饮食或神经性厌食、身体机制的功能障碍引起的忧虑、对其

---

① Michael L. Bundy, Judith Boser. "Helping Latchkey Children: A Group Guidance Approach". *The School Counselor*, 1987 (1): 58-65.
② L. DiAnne Borders, Sandra M. Drury. "Comprehensive School Counseling Programs: A Review for Policymakers and Practitioners". *Journal of Counseling and Development*, 1992 (4): 492.
③ L. DiAnne Borders, Sandra M. Drury. "Comprehensive School Counseling Programs: A Review for Policymakers and Practitioners". *Journal of Counseling and Development*, 1992 (4): 493.

他人的暴力威胁等问题，这种困难局势已超出学校顾问的能力范围，学校顾问会利用转送资源，把学生转送到精神健康机构，以求获得帮助[①]。在必要情况下，学校顾问利用学校和社区里的其他专业服务和资源，把学生转送到能提供专门帮助的机构，其他支持系统提供的服务帮助解决学术、社会、家庭或精神健康问题。

（五）危机应对

当危机来临，应对方式主要有以下五点。第一，应急小组。应急小组由学校和社区的辅助人员组成，用来应对突如其来的危机情况，比如，学生的突然死亡、暴力行为、社区问题、自然灾害、种族冲突等。作为应急小组的一员，在紧急情况下，学校顾问联系校内的应急小组，向学生和家长提供短期危机咨询或其他适当的应急服务。[②]第二，同伴调解。通过同伴调解学生冲突是咨询项目的辅助工具，顾问通过"同伴项目"和咨询课程实施咨询项目，让同伴加入支持网络，在解决冲突时，受过培训的同伴调停者凭借沟通技巧和解决问题的技术，帮助学生解决教育阶段频繁出现的问题。[③]第三，

① Connecticut School Counselor Association, Connecticut Association for Counselor Education and Supervision, Connecticut State Department of Education. *Connecticut Comprehensive School Counseling Program*. http: // files. eric. ed. gov/fulltext/ED469351. pdf, 2016-10-24.

② Connecticut School Counselor Association, Connecticut Association for Counselor Education and Supervision, Connecticut State Department of Education. *Connecticut Comprehensive School Counseling Program*. http: // files. eric. ed. gov/fulltext/ED469351. pdf, 2016-10-24.

③ Connecticut School Counselor Association, Connecticut Association for Counselor Education and Supervision, Connecticut State Department of Education. *Connecticut Comprehensive School Counseling Program*. http: // files. eric. ed. gov/fulltext/ED469351. pdf, 2016-10-24.

学生援助模式。学校顾问将学生送交给学生助理小组，进一步观察问题。第四，家长教育项目。通过家长教育媒介，比如，简报、当地报纸的新闻文章、早晚新闻报道，开展家长教育项目，以更好满足社区家长的教育需求。[①]第五，社区外展服务[②]。社区外展服务旨在帮助学校顾问进一步了解社区资源和财力、就业机会、劳动力市场趋势，这要求顾问定期参观地方商业、工业及社区福利机构，与商业领袖、社会福利机构代表、工作服务人事部会面，服务于社区咨询委员会，通过简讯、学校和社区发布会及所有可利用的大众传播媒介，拓宽社区外展服务。[③]

三、价值与意义

CSCP 是学校顾问、管理者、教师、学生服务人员协作努力的结果，它由获得认证的顾问与家长、学生、专业辅助人员及社区人员组成的伙伴关系组织实施，是校内外人员和力量共同努力的结果。CSCP 已成为学校教育、职业、社会情感发展必不可少的一部分。对学生来说，CSCP 增加了学生与学校顾问互动的机会，保证了向所有学生提供服务，促进了有

---

① Connecticut School Counselor Association, Connecticut Association for Counselor Education and Supervision, Connecticut State Department of Education. *Connecticut Comprehensive School Counseling Program.* http:// files. eric. ed. gov/fulltext/ED469351. pdf, 2016-10-24.
② 外展服务：在服务机构以外的场所提供的社区服务等。
③ Connecticut School Counselor Association, Connecticut Association for Counselor Education and Supervision, Connecticut State Department of Education. *Connecticut Comprehensive School Counseling Program.* http:// files. eric. ed. gov/fulltext/ED469351. pdf, 2016-10-24.

序活动的发展。对家长来说，CSCP 向家长提供了孩子成长的支持，增加了家长和教师之间的互动。对教师来说，CSCP形成了相互支持的工作关系。对管理者来说，CSCP 通过专门的指导，提供了有结构的项目及评价指导项目效率的手段。对地方教育委员会来说，CSCP 为学校系统中的综合指导项目提供了理论依据，也为指导资金的分配提供了基础。对商业与工业来说，CSCP 增加了顾问、商业、工业与劳动界之间的合作机会，通过决策能力和职前技能的培训，提供了潜在的劳动力，提高了工人的熟练程度。[1]CSCP 认为，学生成功=学术发展+职业发展+个人/社会发展。[2]CSCP 的作用是：营造项目环境，建立有效的学校综合咨询项目，重视项目资源、项目开发工具、项目介入、项目评估、项目更新，建立有效的咨询项目实施机制和评估体系。

[1] Utah State Board of Education. *Utah Comprehensive Counseling and Guidance Program Model*. http://files. eric. ed. gov/fulltext/ED370005. pdf, 2016-09-25.
[2] North Carolina State Department of Public Instruction. *Guidance Curriculum for the Comprehensive School Counseling Program, K-12*. http://www. ncpublicschools. org/docs/curriculum/guidance/resources/programs-study. pdf, 2016-10-11.

第五章

美国基础教育的综合咨询项目职能与途径

如前章所述,美国学校综合咨询项目是一个关注 K-12 学生的学术、职业、个人和社会发展领域的咨询项目。咨询项目的职能体现在:关注学生的学术成绩、指导学生的职业规划、为学生的个人和社会发展提供咨询和指导。学校顾问通过指导课程、个人与团体咨询、商讨等途径,向咨询者提供服务,咨询项目通过开发工具和评估达到项目更新。

第一节　学校综合咨询项目的标准与开发

一、美国学校顾问的道德标准

美国学校顾问协会作为一个专业组织,主要由学校在咨询领域获得认可的学校顾问组成，学校顾问有一定的资历和技能来解决学生的学术、职业、个人与社会发展的需要，鼓励学生取得最大发展。2013 年谢伊（Megyn L. Shea）指出，专业咨询组织大力支持学校开展咨询，提高学校解决学生需求的咨询实践能力，是学校顾问、学校咨询专业组织、顾问教育者持续关注的问题[1]。但如何更好地促进学校咨询服务的发展，这就涉及咨询标准问题，比如学校顾问的道德标准[2]、咨询和教育项目认证委员会的标准[3]。学校顾问作为 CSCP 的主体，必须恪守一定的道德标准。道德标准是学校顾问对 CSCP 肩负的道德责任。专业的学校顾问把咨询项目与学校任务连接起来，创造了平等的教育和成功机会。ASCA 认为，道德标准有助于学校顾问、咨询项目监管员、咨询指导者认识到道德责任的本质，有利于 ASCA 成员之间保持高标准的诚实正直、领导才能和专业素质。[4]

ASCA 指出，学校顾问须遵守职业责任的原则与信条。第一，不论学生的种族、民族、肤色、年龄、性别、能力、语言、信仰、经济地位、移民身份、家庭类型、价值观念、文化背景等，每个学生都有权使用学校综合咨询项目，他们都应得到尊重；第二，学生有权得到信息，有权享受顾问创

① Megyn L. Shea. *School Board Member and School Counselor Perceptions of School Board Knowledge, Priorities, and Policy.* Oregon State University, 2013: 2.
② American School Counselor Association. *Ethical Standards for School Counselors.* http: //www. schoolcounselor. org/asca/media/asca/home/ Ethical Standards2010. pdf, 2016-09-19.
③ Council for Accreditation of Counseling and Related Educational Programs. *2009 Standards.* http: //www. cacrep. org/doc/2009%20Standards% 20with%20 cover. pdf, 2016-09-13.
④ American School Counselor Association. *Ethical Standards for School Counselors.* http://www.schoolcounselor.org/asca/media/asca/home/Ethical Standards 2010. pdf, 2016-09-19.

造的安全的学校环境，远离欺凌、恐吓、被忽略、骚扰与暴力；第三，学生有权知晓自己教育选择的意义，以及这些选择如何影响将来的机会，顾问不能把自己的价值观念强加给学生与家长；第四，学生有权保有隐私，有权希望顾问与学生的关系都能遵从所有的法律、政策和道德标准，顾问有义务对学生记录保密。[①]

学校顾问、咨询项目主管使用学校道德决策模式解决遇到的道德问题，决策模式分 5 个步骤：第一，明确问题，清晰准确地陈述问题；第二，识别可选项，查阅报纸和杂志，询问观点，列出选项名单；第三，研究选项，分辨风险与效益，研究短期与长期效果；第四，使用判断、采访、讨论、评估可能产生的影响、情节推演法、角色扮演等方法，进行决策；第五，实施决策，把决策运用于行为[②]。

当然，对于有悖于学校顾问道德标准的人员，也有相应的处理办法。一旦发现顾问道德行为存在严重问题，就会将其转交美国学校顾问协会、州学校顾问协会进行调查。为了监督顾问道德标准的执行情况，在国家层面，ASCA 道德委员会就道德标准这个话题，与学校顾问协商，定期检查行为准则是否发生了变化。由此可见，学校顾问的道德标准不仅是顾问要坚守的道德行为，同时也是制约顾问咨询活动的道

---

① American School Counselor Association. *Ethical Standards for School Counselors*. http://www.schoolcounselor.org/asca/media/asca/home/Ethical Standards 2010. pdf, 2016-09-19.

② North Carolina State Department of Public Instruction. *Guidance Curriculum for the Comprehensive School Counseling Program, K-12*. http: //www. ncpublicschools.org/docs/curriculum/guidance/resources/programs-study.pdf, 2016-10-11

德规则与行为规范。①

二、学校综合咨询项目的开发工具

CSCP 的 开 发 工 具 有 "综 合 指 导 和 咨 询 观 点 清 单"
（ Perceptions of Comprehensive Guidance and Counseling
Inventory，简称 PCGCI），这是提倡培训和合作机会的工具，
可以进一步提高对 CSCP 的了解。"学校咨询项目成分量表"
（ School Counseling Program Component Scale，简称 SCPCS ）
是研发 CSCP 的又一工具。哈奇（ Trish Hatch ）认为，SCPCS
的目的在于测量顾问对国家咨询模式要素的信念。②伯纳姆
（ Joy J. Burnham ）指出，"顾问专业发展需要的调查评估"评
价了顾问的发展需要，提供了顾问为变革所做的准备情况。③
学校咨询的另一测量工具是 "学校顾问活动等级量表"
（ School Counselor Activity Rating Scale，简称 SCARS ），其中
包含五大类指标，共 50 条。这些设计是评估 CSCP 各方面的
工具，用来对改变顾问的角色和职能做出相应提议。④斯卡伯

---

① American School Counselor Association. *Ethical Standards for School Counselors*. http://www.schoolcounselor.org/asca/media/asca/home/Ethical Standards 2010. pdf, 2016-09-19.

② Trish Hatch, Stuart F. Chen-Hayes. "School Counselor Beliefs about ASCA National Model School Counseling Program Components Using the SCPCS". *Professional School Counseling*, 2008 (1): 34-42.

③ Joy J. Burnham, Carol A. Dahir, Carolyn B. Stone, Lisa M. Hooper. "The Development and Exploration of the Psychometric Properties of the Assessment of School Counselor Needs for Professional Development Survey". *Research in the Schools*, 2008 (1): 51-63.

④ Megyn L. Shea. *School Board Member and School Counselor Perceptions of School Board Knowledge, Priorities, and Policy*. Oregon State University, 2013: 24-26.

（Janna L. Scarborough）勒指出，SCARS 是一种可靠有效的工具，它测量了学校咨询的实际任务。[①] "学生教育和职业规划"解决的是学生的教育、个人与社会及职业发展的规划。[②]

三、学校综合咨询项目的职能

（一）关注学生的学术成绩和表现

学校顾问在设计和实施 CSCP 过程中，肩负着许多角色与职能。CSCP 作为学校学术任务的一个组成部分，为了保障每个学生都有均等的机会获得咨询项目，必须向所有学生传输所需的知识和技能，保证咨询项目对所有学生在设计上具有综合性，在辅导上具有系统性和组织性。所以在咨询活动中，咨询人员要建立和维护学生获取知识和技能的传输系统，制定学校总体进步表。学校顾问与学生结为伙伴关系[③]，注重团队合作。CSCP 活动利用咨询干预的方式，设法解决学生的退学、家庭作业、课堂不良行为等问题，目的在于使学生在校期间获得成功，作为负责的成员走向社会。[④]

---

① Janna L. Scarborough. "The School Counselor Activity Rating Scale: An Instrument for Gathering Process Data". *Professional School Counseling*, 2005 (3): 274-283.
② Utah State Board of Education. *Utah Comprehensive Counseling and Guidance Program Model*. http: //files. eric. ed. gov/fulltext/ED370005. pdf, 2016-09-25.
③ American School Counselor Association. *The ASCA National Model: A Framework for School Counseling*. http: //www. fultonschools. org/en/divisions/ acd/supportserv/Documents/Counseling/Model Executive Summary. pdf, 2016-09-15.
④ Franciene S. Sabens, Brett Zyromski. *Aligning School Counselors, Comprehensive School Counseling Programs, and the No Child Left Behind Act of 2001*. http: //files. eric. ed. gov/fulltext/EJ886145. pdf, 2016-10-11.

（二）关注学生的职业探索与能力

在培养学生具有职业意识之后，为鼓励学生进行职业探索，美国联邦和州提供广泛的职业资源，推出了一系列工具书。第一，《职业名称词典》。该词典以工业名称和工人职能为标准，按照字母顺序、类似职业、工业三大块，对近乎 20 000 个职业进行界定和分类。第二，《职业探索指南》。该指南在 12 个兴趣领域、66 个工作组、348 个小组里提供职业和职位信息，探索指南简要描述工作类型、必需的技能和能力、如何与职业组织和机构联系并获得额外的信息。第三，《职业观察手册》。该手册在 19 个工作组里提供大约 200 个职业的详细信息，包括职业性质、工作条件、培训、资格、晋升、工作前景、收入及相关职业，该手册一年进行两次更新。第四，《职业展望季刊》。该刊物提供最新的当前职业发展信息，季刊的文章大都是关于就业前景、新职业、培训机会、薪水趋势、劳动局统计资料分析等内容。第五，信息化资讯。例如在北卡罗来纳，微型计算机系统提供目前北卡罗来纳 400 个职业和 165 个培训点的信息。[1]

在提供职业资源后，CSCP 关注学生职业能力的发展。《全国职业发展指导纲要》提出：小学、中学、高中和成人四个不同层次的能力和指标[2]。

在小学，学生职业规划的能力和指标是理解如何做出职

① North Carolina State Department of Public Instruction. *Guidance Curriculum for the Comprehensive School Counseling Program, K-12*. http://www.ncpublicschools.org/docs/curriculum/guidance/resources/programs-study.pdf, 2016-10-11.

② Utah State Board of Education. *Utah Comprehensive Counseling and Guidance Program Model*. http://files.eric.ed.gov/fulltext/ED370005.pdf, 2016-09-25.

业选择、认识到生活角色（如朋友角色、家庭角色、工作角色、社区角色、学校角色）之间的关系、意识到职业规划过程的重要性。①自我了解的能力和指标是了解自我概念的重要性、了解交往技巧，意识到成长与变化的重要性、认识到教育成绩的益处、懂得学习与工作的关系、理解和运用职业信息的技能、意识到个人素质（如可靠性、准时性、易处性）与良好的工作习惯的重要性、认识到工作与社会需要的关系。②

在中学，职业规划的能力与指标是职业决策的能力、了解生活角色的关系、了解不断变化的性别角色。教育与职业探索的能力和指标是了解教育成绩对职业机会的益处、理解工作与学习的关系、查找和利用职业信息的能力、了解寻找和获得工作所必需的技能、了解工作与经济和社会需要的运作关系。自我了解的能力对自我概念的了解产生积极影响、也影响与别人交往的技能。③

对于高中生，教育与职业探索的能力和指标是了解职业规划与教育成绩的关系、理解积极的工作和学习态度的必要性、查询和解释职业信息的技能、改变工作的能力、了解社会需要对工作类型和结构的影响。职业规划的能力与指标是决策能力、理解生活角色的相互关系、理解男女角色的持续性变化、职业规划的能力。自我了解的能力和指标是理解积极的自我概念的影响、积极交往的技巧、理解成长和发展的

①　Utah State Board of Education. *Utah Comprehensive Counseling and Guidance Program Model*. http://files. eric. ed. gov/fulltext/ED370005. pdf, 2016-09-25.
②　Utah State Board of Education. *Utah Comprehensive Counseling and Guidance Program Model*. http://files. eric. ed. gov/fulltext/ED370005. pdf, 2016-09-25.
③　Utah State Board of Education. *Utah Comprehensive Counseling and Guidance Program Model*. http://files. eric. ed. gov/fulltext/ED370005. pdf, 2016-09-25.

影响。①

成人的自我了解的能力与指标是保持积极的自我概念的能力、保持有效行为的技能、理解不断发生的变化与过渡（例如，因年龄和工作而发生的身体变化、个人动机与抱负、失业、工作调动）。教育与职业探索的能力与指标是参加教育和培训的能力。②

（三）关注学生的个人和社会发展

在 CSCP 的项目中，为了给学生个人和社会发展营造良好的环境，综合咨询和指导项目经常与一些重要的专业咨询和职业部门联合工作。对学校顾问来说，与社区进行沟通与交流也很重要。要做到这一点，顾问通过向家长教师组织、服务团体、服务机构提供指导和咨询服务，参加广播或电视节目，为报纸撰写文章，唤醒社区对学校咨询项目的意识，为咨询项目建立良好的公共关系。③

四、学校综合咨询项目的服务

（一）直接服务

在 CSCP 中，顾问通过个别咨询、团体咨询、课堂咨询、

① Utah State Board of Education. *Utah Comprehensive Counseling and Guidance Program Model*. http://files. eric. ed. gov/fulltext/ED370005. pdf, 2016-09-25.

② Utah State Board of Education. *Utah Comprehensive Counseling and Guidance Program Model*. http://files. eric. ed. gov/fulltext/ED370005. pdf, 2016-09-25.

③ Connecticut School Counselor Association, Connecticut Association for Counselor Education and Supervision, Connecticut State Department of Education. *Connecticut Comprehensive School Counseling Program*. http://files. eric. ed. gov/fulltext/ED469351. pdf, 2016-10-24.

个人规划、课程讲授、应急服务、专业干预等咨询活动，对所有学生提供直接服务。摩根（Carol Morgan）指出，咨询和指导课程包括学生的特殊能力、项目目标、材料与资源，以及帮助学生达到项目目标、取得执业资格、持续发展的评估系统。[1]指导课程认定了学生在不同发展和活动阶段所要获得的能力，并帮助学生获得这些能力。系统安排的指导单元根据特别的需要或事件进行设计。CSCP 关注有目的的预防和干预活动。干预的目的在于提高学生的个人和社会发展。一般的咨询问题包括同伴关系、学校态度与行为、学习方法、职业规划、大学抉择、家庭成员离世、物质滥用、离婚、家庭虐待、性行为等。

（二）间接服务

学校顾问通过商讨、系统支持（如支持项目管理）等形式，[2]提供间接服务。学校顾问也通过会议和培训研讨会，教授咨询者一些特殊技能或心理教育原则，或帮助咨询者开发行动方案处理特殊问题。正是通过这种合作解决问题的方式，顾问提高了家长、教师和学校其他人员对学生的工作效率。例如，顾问帮助教师实施课堂管理和教学策略，帮助家长获得新知识和技能，帮助他们了解学生的发展变化，促进家长与子女的沟通，改变家长对孩子的态度、信心及养育行为。

---

① Carol Morgan. "A Curricular Approach to Primary Prevention". *The Personnel and Guidance Journal*, 1984 (8): 467-469.
② Utah State Board of Education. *Utah Comprehensive Counseling and Guidance Program Model*. http://files. eric. ed. gov/fulltext/ED370005. pdf, 2016-09-25.

顾问也向管理者提供学校课程、评价工具、政策、程序及学
习环境等其他方面的建议。①米德（C. J. Meade）等人认为，
顾问与家长、教师的商讨，改变了学生的学术分数、等级、
关注点、课堂行为、动机和自我概念。②学校也可选择教师顾
问项目、同伴领导者、跟踪调查、电视教育节目等其他的间
接服务来提供咨询服务，也可提供综合指导资源中心，便于
家长、学生和教师使用适合学校发展的资源和材料。

　　ASCA 指出，商讨是由专业组织和咨询领域的领导者和
从业人员提倡的，商讨是顾问与学校其他人员或家长进行的
合作性工作，通过合作改善咨询者与学生的相互关系。在咨
询角色中，顾问利用自己在发展理论、人类行为、人际交往方
面的专门培训，把这种经历背景运用到咨询者的问题之中。北
卡罗来纳州公共教育局的调查发现，工作经验超过 20 年的学
校顾问，在小学占了 26.3%，初中占 26.9%，高中占 38.2%。③

　　关于顾问的时间安排，ASCA 国家模式建议，学校顾问
80%的时间要与学生直接接触或向学生提供直接的咨询服
务，20%的时间提供间接服务。犹他州教育委员会指出，在
犹他州，小学阶段指导课程的时间占 40%、个人规划占 10%、
积极服务占 35%、系统支持占 15%。④

① L. DiAnne Borders, Sandra M. Drury. "Comprehensive School Counseling Programs: A Review for Policymakers and Practitioners". *Journal of Counseling and Development*, 1992 (4): 492.
② C. J. Meade, M. K. Hamilton, R. K. Yuen. "Consultation Research: The Time Has Come, the Walrus Said". *The Counseling Psychologist*, 1982 (4): 39-51.
③ North Carolina State Department of Public Instruction. *Guidance Curriculum for the Comprehensive School Counseling Program, K-12*. http: //www. ncpublicschools. org/docs/curriculum/guidance/resources/programs-study. pdf, 2016-10-11.
④ Utah State Board of Education. *Utah Comprehensive Counseling and Guidance Program Model*. http: //files. eric. ed. gov/fulltext/ED370005. pdf, 2016-09-25.

五、学校综合咨询项目的评估

（一）对人员的评价

在评价的过程中，首先，要根据学校综合咨询项目的结构，制订一份书面的岗位职责说明。[①]在小学、初中和高中三个不同阶段，制定相应级别的工作职责说明。其次，以顾问的岗位责任说明为指导，不断开发顾问的业绩评估手段，用可测量的术语描述责任领域和业绩标准[②]。通过考核顾问实施咨询项目的基本标准来评价业绩表现，这些业绩标准不仅是评估顾问的一个基准，也是顾问自我评价的一种方法。

（二）关于项目评价

项目评估的重要性体现在评估活动定期收集咨询项目的特征和结果信息，利用资源开发项目评估体系，最终促进更强大的咨询项目和实践的落成[③]。对于咨询项目规划和发展的循环周期来说，项目评估是必不可少的部分。评估方案由能力声明和学习目标构成。学生能力声明与项目任务声明的一致性反映了发展任务的可行性。学生能力声明包括项目目标、评估行为、学生能力和不足、设立优先事项、选择和实施项

[①] Utah State Board of Education. *Utah Comprehensive Counseling and Guidance Program Model.* http://files.eric.ed.gov/fulltext/ED370005.pdf, 2016-09-25.
[②] Utah State Board of Education. *Utah Comprehensive Counseling and Guidance Program Model.* http://files.eric.ed.gov/fulltext/ED370005.pdf, 2016-09-25.
[③] Ian Martin, John Carey, Karen DeCoster. "A National Study of the Current Status of State School Counseling Models". *Professional School Counseling*, 2009 (5): 378-386.

目活动、评估项目效率。①在评估方案的基础上，向家长、学生、教师、管理者和社区成员搜集数据，帮助开发行动方案。每年的项目评估目标都对参与者沟通的有效性，提供有效数据。

对于如何能够达到项目评估的目的，ASCA 建议，在设计咨询项目的过程中，要组织和安排项目评估，利用项目评估来判断学区是否达到了项目组织与实施的标准，这是评估项目能否得到州资金的重要依据。无论对咨询项目进行年度考核，还是定期考核，这种评估类型提供了一种机会来判定是否真正执行了学区项目。项目的评估表明了咨询项目在哪些领域取得了进步，这种进步在整个咨询项目实施中是否还存在着不足。②

（三）关于结果评价

结果评价反映了学生的出勤情况、平均积分点、课堂行为、学术考试成绩等问题。结果评价估量了咨询项目对学生产生的影响及他们获得的能力如何。通过案例研究、教师观察、成绩测验等方式来评估结果是不断改善 CSCP 的需要。③以学生的能力评估为例，北卡罗来纳州公共教育局指出，学生的必备能力分为学术能力、基本工作能力、思维能力、个

---

① L. DiAnne Borders, Sandra M. Drury. "Comprehensive School Counseling Programs: A Review for Policymakers and Practitioners". *Journal of Counseling and Development*, 1992 (4): 491.
② Norman C. Gysbers, Patricia Henderson. *Comprehensive Guidance and Counseling Program Evaluation: Program + Personnel=Results*. http: //file. upi. edu/Direktori/FIP/JUR. _PEND. _LUAR_SEKOLAH/195608101981011-D. _NUNU_ HERYANTO/comprehensive_guidance_and_conselling_evaluation_program. PDF, 2016-09-23.
③ Utah State Board of Education. *Utah Comprehensive Counseling and Guidance Program Model*. http: //files. eric. ed. gov/fulltext/ED370005. pdf, 2016-09-25.

人品质四个部分。其中，学术能力又包含语言艺术、科学、社会科学、数学、体育、选修科目的能力；基本工作技能又包括听、说、读、写、运算能力；思维能力包括创造性思维、决策、问题解决、知道如何学习、设想、推理能力；个人品质包括责任感、自尊、合群、自我管理、社交能力、个人责任、诚实等。[1]为了更进一步评估，北卡罗来纳公立学校还指出，CSCP中，学生的自我尊重又分正面的自我形象和负面的自我形象。[2]

六、学校综合咨询项目的有效性与更新

在一系列评估之后，学校顾问最后要为参与者撰写内容丰富的总结报告。[3]这些报告有助于以后的课程规划和评估。家长、学生、管理者、董事会、社会成员都可以分享这些评估总结报告。[4]凯里（J. Carey）等人指出，咨询项目对教育结果产生了积极的影响，例如使得测评分数、数学能力、阅读能力、教育和职业规划决策进一步标准化，改善了家长满

---

① North Carolina State Department of Public Instruction. *Guidance Curriculum for the Comprehensive School Counseling Program, K-12*. http: //www. ncpublicschools. org/docs/ curriculum/guidance/resources/programs-study. pdf, 2016-10-11.

② North Carolina State Department of Public Instruction. *Guidance Curriculum for the Comprehensive School Counseling Program, K-12*. http: //www. ncpublicschools. org/docs/curriculum/guidance/resources/programs-study. pdf, 2016-10-11.

③ L. DiAnne Borders, Sandra M. Drury. "Comprehensive School Counseling Programs: A Review for Policymakers and Practitioners". *Journal of Counseling and Development*, 1992 (4): 493.

④ L. DiAnne Borders, Sandra M. Drury. "Comprehensive School Counseling Programs: A Review for Policymakers and Practitioners". *Journal of Counseling and Development*, 1992 (4): 494.

意度、毕业率和学校环境。①

  顾问不断评估自身的干预和咨询活动，通过规划、实施和评估等有意识的活动，改善了学生和专业的教育结果。在以大数据为基础的决策时代，顾问凭借新数据评估学生的需要，制定行动研究方案，选择以证据为准的干预措施，避免了资源的浪费和低效率。为了证实咨询项目的有效性，必须收集和利用项目和学生成绩的数据，搜集数据的目的是指导未来的行动，改善学生未来的结果。通过研究报告和项目审计，分析项目的有效性，对需要调整的部分做出相应的改进。

  当然，学校顾问也在不断遇到挑战，顾问要熟悉新的综合咨询项目，从辅助的咨询服务过渡到全校广泛使用的综合咨询项目，还得寻求学校和社区层面的行政和财政支持，实施和评价修订项目的效率。②青少年要为高中和大学做准备，还要为职业和未来社会发展做准备。CSCP 还会面临一些特别复杂的、敏感的问题，比如，自杀现象、虐待儿童、成瘾行为、社会灾难等，面对这种危急形势，学校顾问就不得不迅速有效地做出回应。

  大学指导和咨询委员会指出，正如社会、经济、政治和人口演化的趋势，学生和学校共同体的需要也在不断改变。为了满足学生群体不断变化的需求，也为满足影响学生教育、职业、个人与社会发展的群体的需要，咨询项目更新是必要

① J. Carey, K. Harrington. *Utah Comprehensive Counseling and Guidance Program Evaluation Report*. http: //schools. utah. gov/cte/documents/guidance/publications/Research_UtahSchoolCounselingEvaluation. pdf, 2016-11-05.
② Utah State Board of Education. *Utah Comprehensive Counseling and Guidance Program Model*. http: //files. eric. ed. gov/fulltext/ED370005. pdf, 2016-09-25.

的。此外，专业文献在不断出现新的发展，专业组织也在定期修订自身的标准。为了提高咨询项目的认可度和效率，咨询项目必须应对这些发展。①

ASCA 指出，咨询项目的更新也得依靠顾问持续的专业发展。顾问需要有时间和机会接触各种专业发展活动，这些活动又以项目评估数据、自我评估、监督反馈为基础，进行在职培训研讨会、对项目咨询和临床督导的持续监督。所以为了保持咨询项目的通用性，学校顾问必须积极参与地方、州和全国的专业组织，参加相关专业的商讨会和讲习班，查阅教育和咨询杂志。为应对继续发展的新挑战，顾问每年必须设计个人专业发展计划（例如特定目标、专业发展活动、评估方法等），不断提升自身的专业素养。②

美国学校综合咨询项目的作用体现在以下几个方面：要为学校咨询项目建立一个生态型的系统，重视咨询项目的研发工具；顾问在开展咨询服务和咨询活动时，应严格遵守咨询项目制定的道德标准；不仅关注学生的学术发展，关注学生的职业规划，让学生较早具有职业意识，给学生提供更多的职业资源；重视学生的个人品质和社会化意识的发展；在大数据时代，依靠咨询项目评估的数据，不断更新项目，促使咨询项目更好地应对校内外的新变化。

---

① L. DiAnne Borders, Sandra M. Drury. "Comprehensive School Counseling Programs: A Review for Policymakers and Practitioners". *Journal of Counseling and Development*, 1992 (4): 494.
② L. DiAnne Borders, Sandra M. Drury. "Comprehensive School Counseling Programs: A Review for Policymakers and Practitioners". *Journal of Counseling and Development*, 1992 (4): 491.

第二节　学校董事会的综合咨询项目的模式与政策

前文已经提到，美国学校综合咨询项目是一个系统化的咨询发展项目，它主要关注 K-12 学生的学术、职业、个人与社会发展的需要。在州级的学校咨询模式的框架下，学校董事会作为政策制定者，制定学校综合咨询项目的政策，对咨询项目的开发和实施产生一定的影响。学校顾问通过指导课程、个人咨询、小组咨询、积极服务、商讨等途径提供咨询活动和服务。

一、美国学校综合咨询的模式

学校综合咨询项目（简称 CSCP）在每个州的具体情况不同，州级的领导和政策对于发展地方一级综合咨询项目的有效性来说，是至关重要的。因为强大的州级领导促使各州内部的必要合作，对学校咨询达成共识，提升了州层面的认证标准，让地方实施影响学生发展和成绩的有效项目，进一步促进教育改革。州层面的领导影响地方实践的一个重要方式是发展和实施州级的学校咨询项目模式。[1]在学校咨询的州模式实施过程中，组建了全国领导干部（National Leadership

---

① Ian Martin, John Carey, Karen DeCoster. "A National Study of the Current Status of State School Counseling Models". *Professional School Counseling*, 2009 (5): 378-386.

Cadre，简称 NLC）小组，小组成员由 9 位来自州管理机构中的州级学校咨询协调人组成。NLC 的活动得到职业与成人教育办公室（Office of Vocational and Adult Education）与美国教育部（United States Department of Education, 简称 ED）的大力支持。①明尼苏达州职业信息系统（Career Information System）的前主管迪安·米勒（Dean Miller）指出，州的指导和咨询监督者、学校顾问、教育专家共同努力，通过讲习班、出版物和咨询委员会，为学校咨询建立一个较合理的专业基础，确定适当的发展理论和实施模式。这些努力促使学校顾问许可证的更新，使得教育专家为他们准备项目做出必要的变更，提升"综合发展指导"（Comprehensive Developmental Guidance，简称 CDG）。②

为了完全满足准则，州级的学校咨询模式建立在"综合发展指导"或"美国学校顾问委员会"（American School Counselor Association，简称 ASCA）的国家模式（National Model）基础上，这些模式主要包含 ASCA 国家标准（National Standards）、州的学术标准（Academic Standards）、州的职业标准（Career Standards）或者国家职业标准、学校咨询课程标准、学校咨询课程框架、课程规划样本、项目评估指导方针等元素。许多州级的学校咨询模式由州专业协会认可，卡伦·德科斯泰（Karen DeCoster）等人调查发现，73%的州级

① Ian Martin, John Carey, Karen DeCoster. "A National Study of the Current Status of State School Counseling Models". *Professional School Counseling*, 2009 (5): 378-386.
② Dean Miller. "How Collaboration and Research Can Affect School Counseling Practices: The Minnesota Story", *Professional School Counseling*, 2006 (9): 242.

学校咨询模式是由州学校咨询协会领导投票认可，45%的州级学校咨询模式是由美国教育部的委员或者督学认可，43%的州级学校咨询模式由州教育委员会（State Boards of Education）认可。有的州出台了州鉴定章程，这些章程与州级的学校咨询模式和学校顾问培训项目的州认定过程相同，通过州的认定来评估学校顾问为所有咨询模式职能的准备情况。教育信托基金（The Education Trust）和 ASCA 国家模式提高了各州实施综合学校咨询模式的兴趣。[①]

许多州在州领导、州法规、州政策、州规章、组织结构、政治权力、经济资源、人口统计数据上存在很大的变化。州组织结构的相关因素改变也可能给学校咨询模式的实施带来阻碍。而这些可变因素会大大影响各州支持学校咨询领导、模式发展、模式实施、模式认可、学校咨询授权、学校顾问鉴定与培训、学校顾问专业发展、模式评估的程度。所以，受到各州环境中复杂的经济、政治、文化、教育、社会学因素的影响，各州也要详细制定学校咨询模式。[②]

在规划和实施学校综合咨询项目期间，一个主要目的是促进主要参与者对 CSCP 给予不断支持，使得 CSCP 得到更完善的发展。学校顾问通过召开家长项目小组会议、教师会议，让参与者了解 CSCP。ASCA 国家模式指出，在学区组织有效的公共关系活动对 CSCP 最终的教育成功来说也很重要。

① Ian Martin, John Carey, Karen DeCoster. "A National Study of the Current Status of State School *Counseling models*". *Professional School Counseling*, 2009 (5): 378-386.
② Ian Martin, John Carey, Karen DeCoster. "A National Study of the Current Status of State School *Counseling models*". *Professional School Counseling*, 2009 (5): 378-386.

罗伯特·迈里克（Robert D. Myrick）指出，在组织和发展咨询项目过程中，教师和管理者的支持和合作是咨询项目成功的保障，学校咨询项目的发展是整个教育过程的必要环节。①

当然，州级的学校咨询模式也会存在不足。有的州不能为学校咨询模式的实施提供专门的资助资源，尤其是联邦政府资助的、旨在提高职业发展实践的"美国职业资源网"（America's Career Resource Network）的终止，中断了学校顾问专业发展的主动性。美国职业资源网的终止也影响到学校咨询模式的发展。

二、美国学校董事会对学校顾问的影响

作为每个学区的政策制定者，学校董事会与校长一样，对学校顾问产生潜在的影响，影响着学校顾问的角色与职能。因此，学校顾问需要熟悉学校董事会关于学校咨询的政策和程序。2011 年华盛顿州学校董事会协会（Washington State School Directors'Association，简称 WSSDA）指出，学校董事会管理着学校运作的方方面面，包括职员的雇用、学生服务的管理、教育项目教材、学校设施与设备、财政和支援服务等。②

① Connecticut School Counselor Association, Connecticut Association for Counselor Education and Supervision, Connecticut State Department of Education. *Connecticut Comprehensive School Counseling Program*. http: // files. eric. ed. gov/fulltext/ED469351. pdf, 2016-10-24.
② Washington State School Directors' Association. *Serving on Your Local School Board: A Foundation for Success*. http: //www. wssda. org/Portals/0/ Resources/ Publications/soylsbman. pdf, 2016-11-08.

　　史密斯（C. W. Smith）与维拉尼（J. S. Villani）等人指出，学校董事会的关键性工作由标准、责任、评估、资源联盟、氛围、合作、持续改进、视野八个部分构成。与 ASCA 国家模式一样，这些关键性工作是学校董事会连续努力改善学生成绩的路标。[①]在《不让一个孩子掉队法案》之后，为了不让一个孩子掉队，学校董事会不得不努力去改善以使学生成功。2011 年，赫斯（F. M. Hess）与米克斯（O. Meeks）指出，全国学校董事会协会（National School Boards Association，简称 NSBA）、托马斯·福德姆研究所（Thomas B. Fordham Institute）、华莱士基金会（Wallace Foundation）、艾奥瓦学校董事会基金会（Iowa School Boards Foundation）等正在同心协力研究美国学校董事会成员的观念。[②]

　　对于学校顾问来说，理解和明白学校董事会优先考虑的事情很重要，这样便于学校顾问及时调整已选定的咨询干预，去体现学校董事会最为关注的事项。例如，学校董事会成员关心的是如何改善学生的学术表现，那么，学校顾问就要考虑如何推进课堂指导课程与小组活动，来提高学生的成功能力。但是，难解之题在于，学校顾问是否要特别改变自身的工作来顺应学校董事会，或者向学校董事会成员教授最好的做法。这些问题的解决有利于学校顾问规划、传输、评估、

---

① K. W. Gemberling, C. W. Smith, J. S. Villani. *The Key Work of School Boards guidebook*. http://www. schoolinfosystem. org/archives/NSBA-Keywork Guidebook. pdf, 2016-11-06.

② F. M. Hess, O. Meeks. *School Boards Circa 2010: Governance in the Accountability Era*. http://www. nsba. org/Board-Leadership/ResourceCenter/ Surveys/School-Boards-Circa-2010/School-Boards-Circa-2010-Governance-in-the-Accountability-Era. pdf, 2016-11-06.

展现他们的调查结果。①

2012 年，全国学校董事会协会指出，全国学校董事会和州学校董事会的文件明确规定，学校董事会的任务是提高学生的成绩。②因此，学校董事会成员要负责缩小成绩差距、提高整体测试成绩、提高按时毕业率。全国学校董事会协会也指出，对于希望开发和维持 CSCP 的专业学校顾问来讲，同参与者的交流和合作是他们的基本职能。既然学校董事会已经有了明确的定位，学校董事会又是重要的参与者，他们又把学生成绩视为最优先考虑的事项，所以，全国学校董事会协会认为，学校顾问在开发和更新学校咨询项目时，不能忽视这些重要的参与者。学校顾问支持学生成绩的咨询政策可能就是学校董事会的关注点。③

三、美国学校董事会的学校咨询政策

ASCA 指出，获得政治的支持是 CSCP 实施过程中的重要一环。学校顾问干预的成功迹象有利于博得政策制定者（学校董事会成员）的支持。州法规和政策也大大促进了学校董事会对 CSCP 的支持。因为学校董事会通常所采用的政策是对联邦或者州法律的回应。2012 年，ASCA 指出，许多州都

① Megyn L. Shea. *School Board Member and School Counselor Perceptions of School Board Knowledge, Priorities, and Policy.* Oregon State University, 2013: 28-29.

② National School Boards Association. *Beliefs and Policies of the National School Boards Association.* http: //www. nsba. org/About/Beliefs-Policies-Resolutions/ BeliefsandPolicies. pdf, 2016-11-06.

③ Megyn L. Shea. *School Board Member and School Counselor Perceptions of School Board Knowledge, Priorities, and Policy.* Oregon State University, 2013: 29.

强制执行学校咨询证书，有的州还强制执行 K-12 年级学校顾问执业证书和其所占比例。例如，华盛顿州就通过立法界定学校顾问的角色。①

ASCA 也认识到在改革学校体制的过程中，解决和更新学校咨询政策的重要性。现在已有 50 个州有了学校咨询立法或者授权②。44 个州声明，他们已经出台了学校咨询模式，并且，这些学校咨询模式得到了州学校顾问协会的认可，这些咨询模式向学校董事会提供更大的支持，来更新或者采用 CSCP 的政策。需要指出的是，每个州的学校咨询模式的实施状况大不相同。根据伊恩·马丁（Ian Martin）等人研究发现，只有 17 个州已经有确定的模式，24 个州正在决定开展学校咨询模式，10 个州的学校咨询模式尚处于起步阶段。他们的研究进一步指出，州咨询模式的判断准则与 ASCA 国家模式、学校咨询课程标准、州教育部门的学校顾问领导、职业和技术教育等元素有关。③布鲁斯·琼斯（Bruce Anthony Jones）指出，许多州学校董事会协会开发政策来为地方学校董事会服务。学校董事对学校咨询和指导政策做出选择，可能会采用、修改或者拒绝这些咨询和指导政策④。

① Megyn L. Shea. *School Board Member and School Counselor Perceptions of School Board Knowledge, Priorities, and Policy.* Oregon State University, 2013: 29-30.
② American School Counselor Association. *State School Counseling Mandates and Legislation.* http: //www. schoolcounselor. org/content. asp?contentid=535, 2016-09-14.
③ Ian Martin, John Carey, Karen DeCoster. "A National Study of the Current Status of State School Counseling Models". *Professional School Counseling,* 2009 (5): 378-386.
④ Norman C. Gysbers, Richard T. Lapan, Bruce Anthony Jones. "School Board Policies for Guidance and counseling: A Call to Action". *Professional School Counseling,* 2000 (5): 349-355.

　　以华盛顿州为例，华盛顿州帮助更新学校董事会有关学校咨询的政策。华盛顿学校顾问协会（Washington School Counselor Association，简称 WSCA）的领导者联合华盛顿州学校董事协会，修正州学校董事会推荐的学校咨询政策。华盛顿州学校董事协会指出，在政策更新前，推荐的学校咨询政策主要是解决学校顾问在危机中（尤其是在学生有自杀倾向的情形中）的角色，而更新的政策主要是，学校顾问要去创造学校综合咨询项目，学校董事会要为学校顾问提供支持和必要的资源。这些政策反映了学校董事会希望学校顾问积极开展行动，并说明了学校顾问该如何达到预期目标。正如谢伊 2013 年的论述，学校董事会成员有关学校咨询政策的观念将会促进对学校咨询职业的深刻了解。[1]

　　为了成功地解决问题，学校顾问必须得到主要决策者的支持，因为这些政策制定者有权利来解决这些变化的问题。作为主要的政策制定者，学校董事会和其政策影响着学校顾问的角色与职能。华盛顿州学校董事协会指出，学校董事会不仅要负责学区所有的运作，而且，还要负责开发政策，并让这种政策"开花结果"。学校顾问应该熟悉所在学区的学校咨询政策与程序，即学校顾问在 CSCP 的实践中，应该提倡学校董事会根据新数据采取或者更新学校咨询政策，与学校顾问的角色与职能保持一致。[2]

---

[1] Megyn L. Shea. *School Board Member and School Counselor Perceptions of School Board Knowledge, Priorities, and Policy.* Oregon State University, 2013: 32-33.

[2] Megyn L. Shea. *School Board Member and School Counselor Perceptions of School Board Knowledge, Priorities, and Policy.* Oregon State University, 2013: 45-46.

华盛顿州学校董事协会也指出，州学校咨询法规和随后的授权通常是采用学校董事会有关 CSCP 发展和实施政策的先导。所以，华盛顿州采用的 CSCP 为采用学校董事会的学校咨询政策提供强有力的论据。这样，州学校顾问通过引述重要部门（如教育局）的认可，就较容易利用州级的学校咨询模式去倡导与 CSCP 相一致的学校董事会政策。因此，学校顾问就可以利用州级的学校咨询模式作为一个支持工具，以获得学校董事会的支持。[①]

但可能存在的问题是，学校董事会关于学校咨询的政策有时可能是过时的、不真实的、不适当的或者与综合的指导和咨询实践不符。有时还会存在这样的情况，州学校董事会协会的模式政策实际上损害了学校顾问，因为州学校董事会协会的模式政策使得学校顾问的工作边缘化。因此，华盛顿州不断地努力更新学校董事会关于学校咨询的政策，争取把学校董事会咨询政策与 CSCP 的实践保持一致，以便更好地理解学校咨询领导者的角色。华盛顿学校顾问协会与华盛顿州学校董事会协会通力合作来更新模式指导和咨询政策及附带的程序。[②]

在政策修订完成之后，华盛顿学区的学校董事会成员接到了政策修订的通知，WSSDA 把模式发送到华盛顿所有学区的学校董事会成员手里。学校董事会成员就具有了采用经过

① Megyn L. Shea. *School Board Member and School Counselor Perceptions of School Board Knowledge, Priorities, and Policy*. Oregon State University, 2013: 47-48.
② Megyn L. Shea. *School Board Member and School Counselor Perceptions of School Board Knowledge, Priorities, and Policy*. Oregon State University, 2013: 47-48.

修正的样本政策与程序的理论依据，而这些修订的政策和程序恰恰确定了在综合的指导和咨询项目的发展中，学校顾问支持学生成功的角色和职能[1]。华盛顿学校顾问协会指出，学校顾问也会通过电子邮件、专业的会议报告、WSCA 内部通讯、WSCA 网站被告知模式政策与程序的修改。所以，学校顾问就得熟悉本学区的学校咨询政策和程序，以便更好地让学校咨询标准和实践相一致。[2]

对于学校顾问与学校董事会的发展前景，华盛顿州学校董事会协会指出，学校顾问将会更好地发展与学校董事会的工作关系，因为学校董事会成员是学区的政策制定者，并且，他们拥有是否采用政策的权力，明确规定学校顾问的角色与职能和学校董事会的政策与行动，对增加学校顾问花费在 CSCP 上的时间也很重要。所以，学校顾问也需要在工作上进一步地了解学校董事会成员的信念和行动。为了使 CSCP 取得更好的发展，学校顾问和学校董事会成员都应该更熟悉当前的学校咨询政策。若有必要，学校董事会成员与学校顾问应该修订学校咨询政策，保证修订后的政策与 CSCP 的组成成分一致。[3]

---

[1] Washington State School Directors' Association. *Guidance and Counseling Programs*. http: //www. wssda. org/Portals/0/Documents/pnlForce. pdf, 2016-11-08.

[2] Megyn L. Shea. *School Board Member and School Counselor Perceptions of School Board Knowledge, Priorities, and Policy*. Oregon State University, 2013: 48.

[3] Megyn L. Shea. *School Board Member and School Counselor Perceptions of School Board Knowledge, Priorities, and Policy*. Oregon State University, 2013: 48-72.

四、美国学校综合咨询项目的作用

在实施学校综合咨询项目时，提供专业咨询和指导的学校顾问，都有着一定的咨询经验。北卡罗来纳州公共教育局的调查结果如表 5-1 所示。从表中大体看出超过 50%的学校顾问有着 5 年左右的咨询经历。[①]

表 5-1　学校顾问咨询经历的分布情况

学校顾问的咨询经历	小学	中学	高中
0~5 年	57.6%	59.5%	52.2%
6~10 年	23.0%	19.3%	21.2%
11~15 年	14.9%	10.0%	13.4%
16~20 年	2.1%	6.0%	6.0%
大于 20 年	2.2%	5.0%	7.2%

20 世纪 20 年代以来，咨询项目、指导、活动及服务已成为专业对话的一部分。[②]学校综合咨询项目在关注学生的学术表现和成绩的前提下，培养学生的职业意识，制定职业规划和方案，注重学生的个人品质和各种社会能力的发展。

作为学校综合咨询项目的实施者，学校顾问通过个体咨询、小组咨询、紧急服务、指导课程、协商等途径对学生进行专业咨询和干预。学校顾问也会就学校中的突出问题提供咨询。例如同伴关系、交际能力、学术表现等。

---

① North Carolina State Department of Public Instruction. *Guidance Curriculum for the Comprehensive School Counseling Program, K-12*. http: //www. ncpublicschools. org/docs/curriculum/guidance/resources/programs-study. pdf. 2016-10-11.

② Norman C. Gysbers. "Comprehensive Guidance and Counseling Programs: The Evolution of Accountability", *Professional School Counseling*, 2004 (1): 1-14.

以学校顾问对学生自杀的专业干预为例，学校顾问首先会分析可能导致自杀的原因，可能因为家庭、缺乏同伴圈、抑郁症、出身等问题，造成学生自杀。其次，诊断自杀倾向的表现，表现是孤立、酒精中毒、失眠、失去快乐、慢性疲劳、一无是处的感觉、内疚或者懊悔。再次，提出预防自杀的措施，比如调动资源（学校顾问、学生家庭、专家），制定专业干预的方案，或者作为一位倾听者在情感层面听取有自杀倾向的学生的倾诉等。①因此，克里斯托弗·辛克（Christopher A. Sink）与希瑟·斯特罗（Heather R. Stroh）指出，CSCP 实施策略的持久性、公正性及其特质，营造了良好的学习环境，促进了学生的学习。②

五、意义与价值

（一）建立综合的学校咨询项目

通过研究发现，美国建立综合咨询项目是由于认识到需要在学校开展这样一个系统化的项目，既要关注学生的学业成绩，又要关注学生的心理、个人素质和道德、社会责任感的发展，培养一个全面发展的人。

---

① North Carolina State Department of Public Instruction. *Guidance Curriculum for the Comprehensive School Counseling Program, K-12.* http: //www. ncpublicschools. org/docs/curriculum/guidance/resources/programs-study. pdf. 2016-10-11.

② Christopher A. Sink, Heather R. Stroh. "Raising Achievement Test Scores of Early Elementary School Students Through Comprehensive School Counseling Programs". *Professional School Counseling*, 2003 (5): 350-364.

（二）学校咨询项目的模式和实施机制

在确定学校综合咨询项目的基础上，制定学校咨询模式和标准，明确学校顾问必须恪守的道德准则和规范。然后，策划学校综合咨询项目的实施路径，通过开发指导课程、积极服务、商榷、个人规划等途径对学生提供直接的咨询和间接的指导服务，并充分调动社会力量的参与。比如，社区资源、社区机构、精神病方面的医生和护士等。为学校综合咨询项目的实施创立一个生态项目环境，使咨询项目更好地为学生服务，根据咨询的评估结果，达到咨询项目的进一步更新。

（三）正确处理决策者与实施者的关系

通过对美国学校董事会咨询政策的研究发现，学校董事会是政策的制定者，学校顾问是学校咨询项目的实施者，二者在咨询项目的制定和实施方面既有一定的一致性，也有冲突和分歧，这就要求在学校咨询项目的制定和实施过程中，要正确处理学校层面的政策制定者与项目执行者之间的关系。

第六章

弗吉尼亚大学学术诚信的管理

　　为了引导学生做到学术诚信，美国弗吉尼亚大学制定荣誉制度（Honor System），荣誉制度是一种规范学生行为的规章制度，旨在规范学生的学术研究。基于对学生的信任，荣誉制度的运作由学生充分自治。治理学术事务时，学生和教师的权力不同。荣誉制度是弗吉尼亚大学规范学生学术行为、促进大学内部人员相互信任的一种契约。①从 1842 年发展至今，弗吉尼亚大学荣誉制度已形成完全由学生自主管理的机构和程序。由荣誉委员会、执行委员会、辅助官员、标准委员会组成的机构，在委员会职业道德准则的指导下，进行案件报告、调查、审判和上诉等正常的实施程序。②荣誉制度通

---

　① The Honor Committee of University of Virginia. *The Honor System*. http: // www.virginia.edu/honor/honor-committee-by-laws-after-march-1-2012, 2013-09-17.

　② The Honor Committee of University of Virginia. *Honor Committee Bylaws*. http: // www. virginia. edu/honor/wp-content/uploads/2013/09/By-laws-as-of-September-15-2013. pdf, 2013-09-17.

过学生自治增强了学生的归属感和责任感，可以说荣誉制度不仅是一系列的规章制度，而且是弗吉尼亚大学学生的一种生活方式。

第一节　弗吉尼亚大学荣誉制度的组织及实施

弗吉尼亚大学荣誉制度是以学生自治著称的一种学术行为规范。"自治"这一治校理念是由弗吉尼亚大学创始人、第一任校长托马斯·杰斐逊（Thomas Jefferson）提出的，这也成了荣誉制度的理论根基与依据。从"自治"的发展脉络来看，"自治"源于政治术语，古希腊人追求政治上的自由和自主被西方人普遍认为是自治的起源。"自治"是指居住在一个国家或地区的人民自主管理该国家或地区的一切事物，或社会组织不受中央或地方政府制约，完全由其内部人员自主管理。①大学是一种重要的社会组织，杰斐逊在创办弗吉尼亚大学时就力主自治，使大学独立于教会，不受教会的控制。

在弗吉尼亚大学创办之初，师生有不同的治学理念，从欧洲聘请的教授主张推行欧洲大学古典的行为规范，但学生主张自由、自主，不同的理念导致师生矛盾交织。为了缓和师生矛盾，弗吉尼亚大学于 1842 年提出了"荣誉誓词"，让学生在考试中对自己和同学的行为进行自主监督，荣誉制度的雏形初现。随后荣誉制度以此为基础逐渐发展，至今已成

---

① "self-government". *Cambridge Dictionaries Online*. http://dictionary.cambridge.org/dictionary/English-Chinese-simplified/self-governmentq=self-governing, 2014-12-10.

为弗吉尼亚大学最重要的学生自治学术规范。荣誉制度的执行机构——荣誉委员会的委员全部由来自学校各学院的学生担任，全校共选出27名荣誉委员会委员，其中文理学院选7名代表，其余20个学院各选1名代表。[①]

在"学生大学"式管理模式中，学生是自己学术行为的行为主体者和审判官，掌管着学生学术事务的实质性权利，即使有教师参与管理，也是以监督者的身份参与学术事务，实际上学术事务仍由学生控制与运行，形成了"以学生为核心"的管理模式。该管理模式在美国的典型代表是弗吉尼亚大学。这种管理模式最大的一个特点是学生的责、权、利的对称性。在这种模式中，荣誉制度的组织机构是荣誉委员会、执行委员会、辅助官员、委员会职业道德准则和标准委员会。对违反荣誉制度的行为进行惩治，其处理程序为案件报告、案件调查、案件审判和上诉。

一、荣誉制度的规范范围

荣誉制度是促进大学内部人员相互信任、逐步培养学生规范自己行为的一种契约[②]，通过这种具有契约性的管理规则规范大学生的行为。尽管荣誉制度的初衷是希望学生自我约束，但违反荣誉制度的行为时有发生，这些行为主要包括欺

---

① Faculty Senate. *Honor Handbook*. Charlottesville: University of Virginia. 2014: 17.
② The Honor Committee of University of Virginia. *The Honor System*. http: // www.virginia.edu/honor/honor-committee-by-laws-after-march-1-2012, 2013-09-17.

骗、作弊和盗窃。欺骗是指学生错误描述一个或几个事实，从中获利或伤害他人，欺骗事件的行为主体明白受害者依赖于这些错误信息。作弊是指学生为获取利益、学分、学位或其他利益而违反规范。盗窃是指未经他人允许拿走、保存或占用他人财产。①针对上述造假行为，弗吉尼亚大学使用荣誉制度规范学生的学术行为，设置荣誉制度的组织机构。

二、荣誉制度的组织机构

（一）荣誉委员会

荣誉委员会负责荣誉制度的管理，保证在荣誉制度的框架下每位涉及荣誉诉讼的学生受到公平对待。荣誉委员会由23名委员组成，其中文理学院5人，其他9个学院各2人。②每位委员在参加竞选时须为学院或系的注册学生，同时还需注册学位课程，若委员在任期内一旦不满足上述要求，均需重新选举。荣誉委员会委员在任期内均不得担任辅助官员。

（二）执行委员会

执行委员会由荣誉委员会选出的 5 名官员组成，他们负责荣誉委员会的日常事务、实施荣誉委员会指派的任务、向荣誉委员会汇报自己的行动。5 名官员分别担任主席、调查副

---

① The Honor Committee of University of Virginia. *Definitions*. http://www. virginia. edu/honor/honor-committee-by-laws-after-march-1-2012, 2013-09-17.
② The Honor Committee of University of Virginia. *Honor Committee*. http://www. virginia. edu/honor/honor-committee-by-laws-after-march-1-2012, 2013-09-17.

主席、审判副主席、教育副主席、社区关系副主席。没有荣誉委员会的允许和授权，执行委员会不能代表荣誉委员会。执行委员会的行动均需至少 3 名成员同意。

执行委员会担任的具体事务不同：主席负责主持荣誉委员会和执行委员会的所有会议，对荣誉制度的执行负责；调查副主席监管所有被调查的案件，对所有报告、调查和调查陪审团的管理负责，还要对学生违反荣誉制度的调查程序负责；审判副主席负责所有的被告学生和败诉学生的案件，负责荣誉审判和上诉事宜，同时告知各方荣誉审判和上诉的安排；教育副主席负责管理其下属委员，委员要对所有涉及荣誉制度的人员进行教育，宣传荣誉制度的重要准则和惯例；社区关系副主席领导社区关系委员会。

（三）辅助官员

辅助官员主要协助各委员合理公正执行荣誉制度。辅助官员主要有荣誉顾问、荣誉辩护人、荣誉教育者和社区关系委员，每位辅助官员只能担任一职，并且只能为在校学生。

1. 荣誉顾问

荣誉顾问是给予诉讼主体和相关人员信任和情感支持，并对他们负责的一方提供将要进行的诉讼中立信息。荣誉诉讼对于相关各方来说都是困难和艰巨的事情，荣誉顾问的作用就是帮助他们减轻压力和焦虑。荣誉顾问中有一部分是高级顾问，他们由调查副主席提名，经荣誉委员会批准产生，高级顾问主要协助调查副主席培训和监管荣誉顾问。

2. 荣誉辩护人

荣誉委员会进行的任何程序必须遵守的原则就是还原事件真相，而荣誉辩护人在这一过程中承担重要职责。荣誉辩护人全面公正地调查违反荣誉制度的案件报告，在荣誉诉讼过程中公正协助被告和荣誉委员会陈述观点，在审判后帮助败诉的学生上诉。尽管荣誉辩护人可协助被告陈述观点进行辩护，但荣誉案件的一些基本责任还需学生自己承担，因此学生应该自己负责解释被控告的违规行为，并在审判时准确阐述辩护词。

在荣誉辩护人中选出高级辩护人，负责协助审判副主席培训、监管荣誉辩护人和审前协调员。审前协调员从荣誉辩护人中选出，与审判主席和审判观察员协商以便制定审前会议的规则，荣誉辩护人和审前协调员均由荣誉委员会批准，方可任职。

3. 荣誉教育者

荣誉教育者是协助荣誉委员会安排荣誉制度教育的课程，课程主要涉及对学生进行荣誉制度的教育，并帮助学生理解荣誉制度。荣誉教育者选出高级荣誉教育者，并由荣誉委员会授权来协助教育副主席开展荣誉制度的教育。

4. 社区关系委员会

社区关系委员会主要负责与学生、教职工、行政人员等社区内人员的互动，在最大限度内保障学生的利益，荣誉委员会从中选取社区关系协调人，协助社区关系副主席工作。

（四）职业道德准则和标准委员会

荣誉委员会委员和辅助官员必须遵守严格的职业道德准则，这些职业道德准则的文件都在荣誉委员会办公室存放。荣誉委员会和辅助官员如果违反职业道德准则，标准委员会召开听证会对其进行审理。标准委员会由 5 位荣誉委员组成，主席须由荣誉委员会主席担任，其他四名委员由荣誉委员会选举产生，标准委员会的选举与执行委员会的选举同步进行。标准委员会也受职业道德的制约，当标准委员会成为审理对象时，该委员也丧失了标准委员会的资格，执行委员会将从荣誉委员会中重新选出一名标准委员会委员。

三、荣誉制度的处理程序

（一）案件报告

荣誉委员会设立的目的不是监管学生，而是在于要求大学社区内成员主动向其举报违反荣誉制度的行为，这一举报行为被称为"案件报告"。案件报告需在所举报的行为在两年内发生的，举报人向荣誉顾问或荣誉委员会进行案件报告。从接到案件报告到案件被移交调查陪审团之前，涉案学生被称为"被调查学生"，调查副主席会安排两位荣誉辩护人对违

反荣誉制度的行为进行调查，同时也为被调查学生指派荣誉
顾问。

　　一旦执行委员会认为案件报告有不良意图，则通过投票
表决，若大多数委员同意，则可驳回此案件报告。案件不符
合荣誉委员会的管辖范围或案件已超过两年，调查副主席可
驳回案件。如果学生在之前的审判中被视为无过错，该生就
不会因同一行为再被调查。调查陪审团驳回的案件在满足以
下条件时可重新调查：提出有新证据的案件报告；执行委员
会认为第一次调查时，被调查学生有不诚实的行为，并且新
证据或学生的不诚实行为影响到调查陪审团的调查结果。

　　（二）案件调查

　　1. 调查

　　调查是为了收集信息以便核实违反荣誉制度的行为是否
发生。被调查的学生将收到详细列出他本人拥有权利的清单。
调查由两位荣誉辩护人完成，调查过程必须公正进行。辩护
人在必要时可与案件报告人、被调查学生和证人面谈，并收
集其他证据。第一次面谈结束后，调查副主席全权酌情向被
调查学生提供面谈的记录和证据，被调查学生有权对此做出
辩驳。证人可对被调查学生的首次面谈结果提出质疑。所有
的面谈、证据、辩驳和质疑都会放入调查记录中，以便调查
陪审团查阅。荣誉顾问会陪同被调查学生参加与荣誉辩护人
面谈。

2. 调查陪审团

调查陪审团成员由 3 人组成，由荣誉委员会委员轮流担任。调查陪审团复审调查结果，并裁决是否正式起诉违反荣誉制度的学生。被调查学生和证人不能参与调查陪审团的调查。在正常情况下，调查结束后一周之内成立调查陪审团，如果调查副主席认为有正当理由则可推迟调查陪审团的成立时间。若调查陪审团认为现有证据不足以做出裁决，可告知荣誉辩护人进一步调查案件。

第一，正式起诉的条件。当调查陪审团通过调查认为被调查学生违反荣誉制度的可能性非常大时，就可提起诉讼。在调查陪审团确定案件的可能性时需要调查"被调查学生"的可疑行为，并调查在进行违反荣誉制度的行为时，被调查学生是否知道这样做是违反荣誉制度的。如果调查信息显示被调查学生有过错的可能性大于无过错的可能性时，就要正式起诉。

荣誉制度允许学生对其过错行为进行补偿。进行补偿行为的前提是承认自己的行为违反荣誉制度，并向荣誉委员会提出书面说明。被调查学生如能证明自己已进行过补偿行为时，调查陪审团就不应对其起诉。[1]有效的、完整的补偿行为在面临荣誉指控时用来作为无过错辩护。弗吉尼亚大学规定补偿行为只是学生的一种机会而不是一项权利。补偿行为的有效性是指该行为须在被调查学生意识到有人怀疑其行为违反荣誉制度之前进行。完整性是指被调查学生须向调查副主

---

① University of Virginia. *Reports & Retractions*. http: //www. virginia. edu/honor/reports-retractions/, 2016-04-03.

席提交补偿行为的书面材料、充分认识到自己的行为是违反荣誉制度的、学生已对自己的行为做出改正或补偿、学生须获得受害者的书面说明来证明补偿行为已进行。

如果补偿行为是在调查陪审团调查后进行，则该补偿行为无效。调查陪审团需调查被调查学生的补偿行为的有效性和完整性，只有两方面都符合条件时，被调查学生才不会被起诉。如果被调查学生的补偿行为未被证实是完整的，也没有调查出其有效性，则该补偿行为不能单独作为无过错辩护的证据。遇到这种情况，调查陪审团综合考虑未被认可的补偿行为和其他证据，在自己的权限范围内决定是否对被调查学生起诉。

第二，学生身份变更。如果调查陪审团投票决定正式起诉被调查的学生，该学生身份则变为"被告学生"。如果被告学生被指控时已经毕业，则该学生的学位在指控期间暂时被取消。如调查陪审团决定不起诉被调查学生，则即刻恢复该学生的普通身份，并且销毁案件的相关文件。

第三，正式起诉后的事宜。调查陪审团通过电子邮件和保证邮件给被告学生发送诉讼通知，通知包含五个拟定的审判日期，以便学生选择。自被告学生接到诉讼通知之日的 10 日内为"审判申请期"，在这期间被告学生可有两种回应方式：其一，同意进行荣誉审判，递交审判申请；其二，拒绝荣誉审判。一旦被告学生拒绝审判，即被视为放弃荣誉审判的权利，且不论被告学生是否明确承认所指控的违反荣誉制度的行为，都视为被告学生已承认犯错。在这种情况下被告学生除上诉权外，其他荣誉制度权利都将丧失。

（三）案件审判

1. 审判申请

（1）审判申请。

在审判申请期内，如果被告学生申请审判，则需在申请期内书面告知审判副主席。被告学生要选择辩护人、陪审团成员类型以及陪审团成员。如果被告学生申请审判，但未在给定的审判日期内选定日期，学生则被视为无理由缺席，将丧失审判的权利，并被认定承认有过错。如果被告学生选定了审判日期，但若没有确定辩护人和陪审团类型，审判副主席将从荣誉辩护人中为其指定一位辩护人，随机抽取陪审团成员。被告学生可申请公开审判或不公开审判。

（2）辩护人。

被告学生在审判时有权得到辩护人的协助。被告学生可从参与调查的辩护人中选择一到两位辩护人，也可自己另寻他人当辩护人。如果被告学生选择一位参与调查的荣誉辩护人担任辩护人的话，另一位荣誉辩护人在审判时需代表弗吉尼亚大学进行发言。在等待审判期间，被告学生和辩护人之间的信息交流，未经被告学生和审判主席的允许，不能在审判时作为证据证明其有过错或无过错。辩护人要及时向审判主席和副主席汇报其新找到的证据或文件。辩护人不可纵容或协助在荣誉审判时做假证的行为。一旦发生，荣誉委员会可以对该生的作假行为进行再次案件报告。

（3）审判陪审团。

审判陪审团要确定被告学生是否有违反荣誉制度的行

为。审判副主席负责从学生陪审团中选出案件的陪审团成员。被告学生可自己选择一种陪审团类型：混合类型陪审团（荣誉委员会和随机选择学生组成）、荣誉委员会陪审团、随机选择学生陪审团。如果被告学生想变更陪审团类型，则需在审判前的14天以书面形式告知审判副主席。被告学生是本科生，可申请陪审团成员至少有四名本科学生。被告学生是研究生，可至少申请四名研究生。

2. 审前会议

审前会议要确定出席审判的证人、证据范围和证言及其他涉及审判公平的程序。审判主席、审判观察员、审前协调员和荣誉辩护人在审判前一起组织审前会议。审前会议确定在审判时出庭作证的证人名单和作证顺序。但有些证据不会被采纳：不必要的复证；有明显偏见并足以影响陪审团意见的证据；测谎类证据；人格方面的证据；从荣誉委员会审判后评价中或陪审员记录中得来的证据；荣誉案件的官方总结。

审前会议还需确定审判主席的庭前陈述、不公开审判中观察员的人选、审判是否推迟以及多重指控进行一次或多次审判。如果针对多个学生的指控是有关联的或针对一个学生的多重指控内容大体相同，则只需进行一次审判，否则需多次审判。

3. 案件审理

审理荣誉案件的目的是调查违反荣誉制度行为的真实性。审判首先由审判主席宣读庭前陈述，主席在陈述中确定当事双方身份，描述违反荣誉制度的行为，说明证人姓名及简要介绍双方证据的性质。审判陪审团再听取证人证言，证人陈述自己在该案件中的身份。陪审员可向证人提问，双方当事人或荣誉辩护人也可就证言或陪审员未涉及的问题进行提问。被告学生有权在最后一位证人作证时才出席庭审。证人作证完毕后，陪审团可要求休庭，并有权要求证人再次接受询问。

随后，审判主席会提醒陪审团被告学生的过错行为，指导陪审团评判学生是否有过错。接下来当事双方可各做 5 分钟的最后陈述，如果主席同意，可适当延长时间。陈述由学校一方先进行，被告学生后进行，如果学校一方同意，则被告学生可进行简要反驳，但是，被告学生最后陈述和反驳的时间不可超过审判主席给定的时间。

陈述过后，审判陪审团进行审议，评判是否有合理证据表明学生进行了违反荣誉制度的行为。每一起荣誉案件都单独审议并投票表决。主席要参加审议，负责明确相关概念、解答陪审员的问题以及协助案件讨论。主席一旦发现审判违背公正原则，可宣布审判无效。

最后，进行案件官方总结。总结被告学生是否有过错。总结里也写有双方异议的内容，并明确写出各方的具体意见。官方的总结会在荣誉委员会网站公布，并保留 4 年。但总结里不包含任何学生姓名（包括被告学生和证人），若学生发现总结不符合保密要求，可告知荣誉委员会主席。

4. 有过错或认定有过错的后果

如经审判，并下发有过错判决书，学生身份即变为"败诉学生"，在案件败诉日下发判决书。如果学生由于未参加审判而被认定有过错，身份也会变为败诉学生，案件败诉日期即为认定有过错的日期。荣誉委员会都会将以上两种情况的案件告知教务主任，并要求教务主任在学生成绩单上标注该事件，如果学生已毕业，荣誉委员会将协同全体教职工一起启动取消学位的诉讼。

（四）上诉

如果败诉学生认为审判的时效或公正性导致其败诉时，可以书面形式提起上诉，上诉条件需要提出新证据或正当理由。上诉书可以对上诉事件详细论述，对上诉事件的支撑论点详细说明，并在上诉书中提及可能影响案件公正性的信息。如果上诉获得批准，上诉复查委员会成立新的审判陪审团，进行另一次审判或者撤销指控。如果经调查不满足上诉条件，即驳回上诉。

综上，在由荣誉委员会、执行委员会、辅助官员、标准委员会与委员会职业道德准则组成的机构中，进行案件报告、调查、审判和上诉等正常的实施程序（如图 6-1 所示）。[1]荣誉制度由学生自治增强了学生的归属感和责任感，可以说荣誉制度并不仅仅是一系列的规章制度，更是弗吉尼亚大学学生的一种生活方式。

---

[1] The Honor Committee of University of Virginia. *Honor Committee Bylaws*. http: // www.virginia.edu/honor/wp-content/uploads/2013/09/By-laws-as-of-September-15-2013. pdf, 2013-09-17.

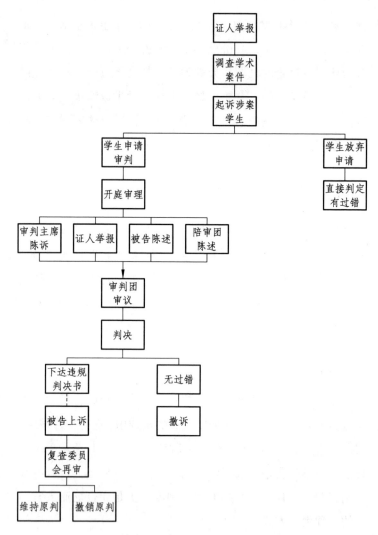

图 6-1　弗吉尼亚大学学生学术行为的审判程序

第二节　弗吉尼亚大学荣誉制度的特殊程序

弗吉尼亚大学为了规范学生学术行为，制定了荣誉制度。随着新的学术项目、精神障碍和无行为能力案件的不断出现，荣誉制度又增加了三个特殊程序——海上学期听证、专业进修学院程序和心理听证，以防止学术不端行为的发生。这三个特殊程序对新的学术项目和特殊学生人群提出具体的学术要求，既增强了学术诚信在学生中的认可度，也进一步促进了荣誉制度的正义与公平。

一、海上学期听证

1. 海上学期的适用范围

海上学期是 1963 年创办的一种在邮轮上进行教学的项目。现为海上教育学院和弗吉尼亚大学合作的学术项目，海上教育学院负责管理，弗吉尼亚大学负责提供学术支持，这一项目面向全球各大学的在读本科生，每年夏季和秋季学期为学生提供为期 100 天左右的环球航行，承担航行任务的是"探索者号"邮轮。任何专业的学生都可申请海上学期，根据各国的文化与课程习惯，安排 20~25 门课程，学生自主选修。每年来自世界各地的 250~300 名大学生参加。[1]海上学期为学

---

① Institute for Shipboard Education. *A Premier Global Program Since 1963*. http: // www. semesteratsea. org/discover-sas/, 2016-04-13.

生提供文化交流的机会，每到一个港口将安排学生下船体验当地风土人情，进行实践活动。在海上学期获得的学分会被学生所在的大学认可，并顺利转移到所在大学。①

参与海上学期的学生，无论是否为弗吉尼亚大学学生，从登船之日起即受弗吉尼亚大学荣誉制度的制约，须遵守相应的学术规范，对于海上学期的学生，荣誉制度的有效管辖时间是从登船到课程作业提交。

2. 听证程序的实施

在海上学期项目中，由于荣誉制度的组织机构不可能跟随航行，并且学生来自不同的国家和大学，因此在处理海上学期案件时，由海上学期的教务主任、学术主任和海上教育学院的执行主任参与其中，以确保听证程序的公正性。②由于海上学期的特殊性，荣誉制度启用相应的听证程序——案件报告、调查、起诉、听证、追加审判和上诉，规范参与学生的学术行为。

（1）案件报告。

海上学期的学生均有权举报违反荣誉制度的行为。一旦学生认为有违反荣誉制度的行为，即可向教务主任举报。教务主任负责判断所举报的行为是否受荣誉制度管辖。如果教务主任认为该行为不属于荣誉制度管辖，会把案件交给负责学生行为规范的人员处理。如属荣誉制度管辖，则按海上学

---

① Institute for Shipboard Education. *How to Get the Credits You Need*. http://www. semesteratsea. org/admission-aid/credit-transfer/, 2016-04-13.
② The Institute for Shipboard Education. *The Voyager's Handbook for Students*. http: //www. semesteratsea. org/wp-content/uploads/2012/03/Voyagers-Hand book-Web. pdf, 2016-04-13.

期程序进行。

（2）调查。

教务主任负责调查案件、安排面谈并收集证据。为了确保收集证据充足，教务主任寻求一期或多期海上学期的教师、工作人员或学生协助调查。调查完成后，教务主任将面谈概要和收集到的证据整理成调查记录。

（3）起诉。

调查结束后，教务主任随机从海上学期的学生中选取 3 名学生担任调查陪审团成员。调查陪审团复查调查记录，通过投票表决是否正式起诉被调查学生。正式起诉的标准是被调查学生在进行这些行为时知道这样做是违反荣誉制度的、调查记录显示被调查学生违反荣誉制度的可能性较大。

陪审团一旦决定正式起诉被调查学生，起诉信会直接送到被起诉学生的房间。起诉信的内容大致有以下四方面：其一，对违反荣誉制度行为的描述；其二，教务主任复查调查记录的说明；其三，学生在听证中申请顾问或证人的具体步骤；其四，听证的时间和地点。

被起诉的学生可通过多种方式寻求帮助，第一，选择海上学期的学生担任非正式顾问，参加面谈或听证等程序。第二，咨询教务主任，教务主任会对学生提供荣誉制度的程序和听证时辩护方面的说明。第三，通过电子邮件或电话咨询弗吉尼亚大学受过专业训练的荣誉辩护人，他们可与学生探讨案情，解答学生疑问，并帮助学生起草辩护词。

（4）听证。

听证主席首先在听证开始前阐述听证程序。被告学生有权解释被控行为，可向听证主席提供有关案情的文件、证据或证人，并有权向证人提问。其次，由 4 名学生组成的听证陪审团复查证据。陪审团可向被告学生和证人提问，以便判断所提交的证据是否足以证明被告学生有过错。最后，陪审团投票判定被告学生是否有过错。听证主席负责解答陪审团的疑问，但不参与最后的投票。如果学生受到多项指控，每项指控单独讨论并投票。陪审团 3/4 成员投票通过方可认定其有过错。

通过投票，若学生被认定无过错，所有相关文件立即销毁，学生不会再因同一行为被调查和指控。学生若被判有过错，则立即从学术项目中开除，这意味着学生不能从该项目中获得学分，并不能再参与弗吉尼亚大学组织的任何项目。执行主任决定被判有过错的学生是否需停止此次航行及学生什么时间离开邮轮，这一权利完全属于海上教育学院，弗吉尼亚大学无权管理。被判有过错的学生学费不予退还。

（5）追加审判。

学生在被判有过错 30 日内可提出追加审判申请，追加审判是在弗吉尼亚大学由荣誉委员会组织。如果被判有过错的非弗吉尼亚大学学生没有申请追加审判，则永远不能参加弗吉尼亚大学组织的任何活动。追加审判用来处理以下问题：如学生是弗吉尼亚大学学生，可通过追加审判决定学生是否能继续留在该校学习；如非弗吉尼亚大学学生，通过追加审判可决定学生是否将来仍有资格参与弗吉尼亚大学组织的项目。

学生提交追加审判申请之后，荣誉委员会立即重新调查，无论申请学生是否为弗吉尼亚大学学生，这一调查程序都与正常程序相同。但非弗吉尼亚大学学生案件，在涉及陪审团成员人选时荣誉委员会将酌情安排。荣誉委员会需解释非弗吉尼亚大学学生无法理解的程序和术语。经过重新调查后，若学生仍被判有过错，仍将接受惩罚。如果学生被判无过错或所受指控被驳回，弗吉尼亚大学学生将恢复之前的身份，非弗吉尼亚大学学生今后仍可申请弗吉尼亚大学的项目。

（6）上诉。

上诉是听证程序的最后一个环节。败诉学生在两种情况下可上诉：第一，听证没有按照指定程序进行，导致调查结果有误或听证不公正；第二，提交足以令陪审团改变观点的新证据，败诉学生须证明在之前听证时，不了解这些证据存在或无法获得这些证据。上诉申请须以书面形式在规定时间递交给教务主任，陈述上诉理由，并提供能支持案件复查的信息。[1]

二、专业进修学院程序

专业进修学院为美国所有成年人提供继续教育，学院在阿宾登、夏洛茨维尔、福尔斯彻奇、纽波特纽斯、里士满、罗阿诺克设有学术中心。专业进修学院的目标是为非传统学习者提供高质量的继续教育机会，帮助他们实现个人目标和职业目标。学院为不同人群提供多样化的课程服务，学院会

---

① University of Virginia. *Voyager's Handbook—Student Version*. https://www. ise. virginia. edu/asp/mydocuments/VoyagersHandbook. pdf, 2016-04-13.

安排在方便的时间和地点授课。学院学生可选择面授、远程教育以及其他适当的授课方式。①

学院学生必须遵守荣誉制度。荣誉案件由专业进修学院院长提名、荣誉委员会任命的区域协调员负责。由于授课方式的特殊性，荣誉程序不能完全由学生进行管理，于是，在忠实荣誉制度正常程序的前提下，荣誉委员会对某些程序做细微的调整。②

任何打算举报案件的人应与荣誉顾问、荣誉委员会委员或区域协调员联系。接到案件报告之后，区域协调员或由调查副主席任命的两名荣誉辩护人对案件进行调查，他们调查所得的案件材料提交给专业进修学院调查陪审团。调查陪审团由三名荣誉委员会委员组成，他们的职责是决定是否起诉学生。

所有专业进修学院的案件审判均需在学校所在地的夏洛茨维尔荣誉委员会办公室进行。荣誉委员会将酌情补偿外地学生相关费用。案件的审判日程、处理方式和上诉等环节与荣誉制度的正常程序相同，但考虑到外地学生安排时间的不便，荣誉委员会允许对专业进修学院案件的审判时间灵活处理。

三、心理听证

心理听证是为满足特殊群体的利益诉求而设立的一个特

---

① University of Virginia. *About SCPS*. http://www.scps.virginia.edu/about, 2016-04-13.
② University of Virginia. *School of Continuing and Professional Studies*. http://www.virginia.edu/uvatours/shorthistory/code.html, 2016-04-13.

殊程序，其作用是管理弗吉尼亚大学中患有精神障碍
（Contributory Mental Disorder，简称 CMD）与无行为能力
（Lack of Capacity，简称 LC）的学生的学术行为。

　　心理听证主要对作弊、盗窃以及欺骗三种行为进行规范，
最主要的作用是防止学生的作弊行为。心理听证的实施程序
包括案件报告、心理听证申请（精神障碍申请、无行为能力
申请）、听证、上诉等环节。具体的实施与海上学期听证相似。
由于考虑到涉案学生的特殊性，也为充分保障特殊群体的利
益，心理听证邀请心理专家和精神病专家等专业医务人员参
与，但他们只是保障特殊群体诉求的有效表达。如遇到荣誉
委员会无法解决的问题，副校长和教导主任须协助荣誉委员
会进行调查和解决。医务人员、校长和教导主任的职责是协
助被调查学生和荣誉委员会，不干涉荣誉委员会行使职权，
这也从另一方面体现了荣誉制度下学生自治的特点。①如果在
审判过程中发现学生的精神状况可能危及其他学生的安全，
则对该学生采取停课或停止一切校内活动的措施。

　　综上所述，海上学期听证、专业进修学院程序和心理听
证是弗吉尼亚大学荣誉制度的有效拓展。这些特殊程序拓展
了荣誉制度规范的对象、主体、范围与参与者，充分考虑到
项目和对象的特殊性。教师与相关人员均可参与程序的实施，
但是参与者不能干扰委员所做的关于学术的任何裁决，都必
须听取委员的意见。

　　就三者的不同点而言，海上学期听证由于学生的组成身

---

① University of Virginia. *Procedures for Psychological Hearings on Honor Offenses.* http: //www. virginia. edu/honor/wp-content/uploads/2013/03/ Psych-Procedures-KM-FInal. pdf, 2013-11-15.

份和授课地点的特殊性，由教育主任、学术主任和执行主任参与调查听证。在专业进修学院中，由于授课方式和地点特殊，在专业进修学院中，区域协调员参与处理案件。心理听证则充分考虑到大学中的特殊群体，在心理专家、精神病专家等专业医务人员以及副校长、教导主任等人的协助下，以荣誉委员会委员为主体，对特殊群体进行学术规范。总体来看，弗吉尼亚大学荣誉制度的三个特殊程序保障了参与学术项目的学生与特殊群体学生的相关利益，体现了民主与学术自由，有助于促使学生在学术上做到诚信。

四、结　论

弗吉尼亚大学荣誉制度建立在对学生充分信任的基础上取得良好效果。只有相互信任，才能在交流信息和想法时而不必担心自己的成果被别人窃取。海上学期听证、专业进修学院和心理听证会是弗吉尼亚大学荣誉制度的一种有效的补充、延续和扩展。海上学期听证与专业进修学院是就学术项目而言，海上学期听证由于学生的组成身份和授课地点的特殊性，有教育主任、学术主任和执行主任参与调查听证。专业进修学院由于授课方式和地点特殊，区域协调员参加荣誉案件的处理。心理听证会是对精神或无行为能力的案件而设置的，它充分考虑到大学中精神问题和无行为能力的弱势群体大学生，在副校长和教导主任监督下，以学生为行为主体，找到适合他们资质和能力的学术规范实施程序，引导这一群体做到学术诚信。这些特殊程序扩充了荣誉制度规范的对象、主体、范围及参与者，它们充分考虑到各自项目和对象的特殊性。

虽然教师和相关人员参与到这些特殊程序中，但他们并不干涉荣誉委员会所做的任何决定，他们充分尊重荣誉委员会的意见，他们的参与权是荣誉委员会赋予的，荣誉委员会有权决定收回权利，并且他们在程序中碰到任何情况都向荣誉委员会汇报，这一制度仍然体现了学生的自主管理，同时也保证了学术项目的参与者和弱势群体的利益，顾及差异，充分实现了荣誉制度所规范的学术自由与民主。使学生认真对待相关政策，易于养成遵守学术规范的习惯。引领学生自觉规范学术行为，有效防止了学生学术不端行为的发生，引导学生做到学术诚信。

参考文献

一、中文文献

[1] 薄建国，王嘉毅. 美国公立高校的法人治理结构及其特征[J]. 国家教育行政学院学报，2010（12）：87-90.

[2] 郭为禄，林炊利. 美国大学董事会的运行模式[J]. 全球教育展望，2011（12）：14-19.

[3] 黄建伟. 美国大学董事会人事事务的"公私差异"研究[J]. 国家教育行政学院学报，2013（8）：84-89.

[4] 李化树. 美国高等学校的董事会管理体制[J]. 比较教育研究，1995（1）：22-24.

[5] 刘宝存. 美国公、私立高等学校董事会制度比较研究[J]. 现代教育科学：高教研究，2001（6）：49-51.

[6] 潘燕. 美国高校董事会制度及其启示[J]. 教育科学, 2004 （2）: 41-43.

[7] 王佳佳，美国学校董事会成员伦理规范述评[J]. 比较教育研究，2009（8）: 32-35+46.

[8] 王绽蕊. 系统性: 美国高校董事会制度的基本特征[J]. 比较教育研究，2010（8）: 25-29.

[9] 张凤娟，王东. 美国大学董事会构成与权责: 基于四所大学的分析[J]. 中国成人教育，2014（1）: 106-109.

二、外文文献

（一）期刊、会议论文

[1] DOUGHTY J J. Black School Board Members and Desegregation[J]. Theory into Practice, 1978, 17(1): 32-38.

[2] MEADE C J, HAMILTON M K, YUEN R, et al. Consultation Research: The Time has Come, The Walrus Said[J]. The Counseling Psychologist, 1982, 10(4): 39-51.

[3] MORGAN C. A Curricular Approach to Primary Prevention[J]. The Personnel and Guidance Journal, 1984, 62(8): 467-469.

[4] SINK C A, MACDONALD G. The Status of Comprehensive Guidance and Counseling in the United States[J]. Professional School Counseling, 1998, 2(2): 88-94.

[5] SINK C A, STROH H R. Raising Achievement Test Scores

of Early Elementary School Students through Comprehensive School Counseling Programs[J]. Professional School Counseling, 2003, 6(5).

[6] WIRTH C J. Attitudes Toward Integration among Black and White School Board Members: Public Comparisons and Etiological Factors[J]. Political Behavior, 1981, 3(3): 201-209.

[7] HARRINGTON-LUEKER D. School Boards at Bay[J]. The American School Board Journal, 1996, 183(5): 18-22.

[8] PLANK D N, PETERSON P E. Does Urban Reform Imply Class Conflict? The Case of Atlanta's Schools[J]. History of Education Quarterly, 1983, 23(2): 151-173.

[9] MILLER G D. How Collaboration and Research Can Affect School Counseling Practices: The Minnesota Story[J]. Professional School Counseling, 2006, 9(3): 238-244.

[10] LAND D. Local School Boards Under Review: Their Role and Effectiveness in Relation to Students' Academic Achievement[J]. Review of Educational Research, 2002, 72(2): 229-278.

[11] MARTIN I, CAREY J, DECOSTER K. A National Study of the Current Status of State School Counseling Models[J]. Professional School Counseling, 2009, 12(5): 378-386.

[12] DAVIS J H, SCHOORMAN F D, Donaldson L, et al. Towarda Stewardship Theoryof Management[J]. Academy of Management Review, 1997, 22(1): 20-47.

[13] HICKLE J. The Changing Face of School Board Elections[J]. Updating School Board Policies, 1998, 29(1): 1-5.

[14] LINDLE J C. Lessons from Kentucky about School-Based Decision Making[J]. Educational Leadership, 1996, 53(4): 20-23.

[15] SCARBOROUGH J L. The School Counselor Activity Rating Scale: An Instrument for Gathering Process Data[J]. Professional School Counseling, 2005, 8(3).

[16] BURNHAM J J, DAHIR C A, Stone C B, et al. The Development and Exploration of the Psychometric Properties of the Assessment of School Counselor Needs for Professional Development Survey[J]. Research in the Schools, 2008, 15(1): 51-63.

[17] LEITHWOOD K, MENZIES T V. Forms and Effects of School-Based Management: A Review[J]. Educational Policy, 1998, 12(3): 325-346.

[18] UNDERWOOD K. Power to the People[J]. American School Board Journal, 1992, 179(6): 42-43.

[19] SEWALL K S, HUMES C W. Use of a National Data Base

to Assess Handicapped Students' Perceptions of Counseling[J]. The School Counselor, 1988, 36(1): 41-46.

[20] MEIER K J, ENGLAND R E. Black Representation and Educational Policy: Are They Related? [J]. American Political Science Review, 1984, 78(2): 392-403.

[21] BORDERS L D, DRURY S M. Comprehensive School Counseling Programs: A Review for Policymakers and Practitioners[J]. Journal of Counseling and Development, 1992, 70(4): 487-498.

[22] PRESTON L E. Agents, Stewards, and Stakeholders[J]. The Academy of Management Review, 1998, 23(1): 9.

[23] OLSON L. Boards of Contention[J]. Education Week, 1992, 11(32): 23-28.

[24] KRIST M W, BULKLEY K E. Mayoral Takeover: The Different Directions Taken in[J]. Educational Policy, 2001, 9(2): 117-132.

[25] BUNDY M L, BOSER J. Helping Latchkey Children: A Group Guidance Approach[J]. The School Counselor, 1987, 35(1): 58-65.

[26] WILSON N S. Effects of a Classroom Guidance Unit on Sixth Graders' Examination Performance[J]. The Journal of Humanistic Education and Development, 1986, 25(2): 70-79.

[27] GYSBERS N C, LAPAN R T, JONES B A, et al. School Board Policies for Guidance and Counseling: A Call to Action[J]. Professional School Counseling, 2000, 3(5).

[28] GYSBERS N C. Comprehensive Guidance and Counseling Programs: The Evolution of Accountability[J]. Professional School Counseling, 2004, 8(1).

[29] BARTH P. Eight Traits of Effective School Boards[J]. American School Board Journal, 2011, 198(3): 28.

[30] WRIGHT P, MUKHERJI A, KROLL M, et al. A Reexamination of Agency Theory Assumptions: Extensions and Extrapolations[J]. Journal of Socio-Economics, 2001, 30(5): 413-429.

[31] CLARK R, FRITH G H. Writing a Developmental Counseling Curriculum: The Vestavia Hills Experience[J]. The School Counselor, 1983, 30(4).

[32] ROCHA R R. Black-Brown Coalitions in Local School Board Elections[J]. Political Research Quarterly, 2007, 60(2): 315-327.

[33] ALBANESE R, DACIN M T, HARRIS I C. Agents as Stewards[J]. The Academy of Management Review,1997.

[34] MYRICK R D. Changing Student Attitudes Through Classroom Guidance[J]. The School Counselor, 1986, 33(4).

[35] GREEN R L, CARL B R. A Reform for Troubled Times: Takeovers of Urban Schools[J]. Annals of the American Academy of Political and Social Science, 2000, 569(1): 56-70.

[36] BAKER S B, SWISHER J D, NADENICHEK P E, et al. Measured Effects of Primary Prevention Strategies[J]. Personnel & Guidance Journal, 1984.

[37] GUTNER T. Explaining the Gaps between Mandate and Performance: Agency Theory and World Bank Environmental Reform[J]. Global Environmental Politics, 2005, 5(2): 10-37.

[38] THE COUNCILOFTHE GREAT CITY SCHOOLS. Urban School Board Survey[J]. Urban Indicator, October 2005: 12.

[39] THE COUNCIL OF THE GREAT CITY SCHOOLS. Urban School Board Survey: Characteristics, Structure, and Benefits, Second Survey and Report[J]. Urban Indicator, Fall 2009:1-13.

[40] THE COUNCIL OF THE GREAT CITY SCHOOLS. Urban School Superintendents: Characteristics, Tenure, and Salary, Eighth Survey and Report[J]. Urban Indicator, Fall 2014:1-3.

[41] HATCH T, CHENHAYES S F. School Counselor Beliefs

about ASCA National Model School Counseling Program Components Using the SCPCS[J]. Professional School Counseling, 2008, 12(1): 34-42.

[42] THOMAS W B, MORAN K J. Centralization and Ethnic Coalition Formation in Buffalo, New York, 1918–1922[J]. Journal of Social History, 1989, 23(1): 137-153.

（二）学位论文

[1] METCALFE A D. The Relationship between Superintendent Tenure and Student Achievement in Indiana[D]. Purdue University, 2007.

[2] WILLIAMS R J. Practices of Board Presidents and Superintendents in Academically High-Achieving Texas Urban School Districts[D]. The University of Texas at Austin, 2008.

[3] HAMILTON E H. The Role of the Superintendent in Ensuring School Board Focus on Student Achievement[D]. University of Southern California, 2012.

[4] SHEA M L. School Board Member and School Counselor Perceptions of School Board Knowledge, Priorities, and Policy[D]. Oregon State University, 2013.

[5] SOLTERO R J. The Superintendent's Role in Promoting Relationships with Selected Stakeholder Groups in a Large

Southwest Urban School District[D]. The University of Arizona, 2009.

[6] CANAL S A. California School Boards: Professional Development and the Masters in Governance Training[D]. University of Southern California, 2013.

（三）著作

[1] HAWLEY A. Human Ecology: A Theory of Community Structure[M]. Ronald Press Co., 1950.

[2] GLASER BG, STRAUSS AL. The Discovery of Grounded Theory: Strategies for Qualitative Research[M]. Aldine Publishing Company, 1967.

[3] PERRY A C. The Management of a City School[M]. Macmillan, 1919.

[4] CHAMBERLAIN A H. The Growth of Responsibility and Enlargement of Power of the City School Superintendent[M]. University of California Press, 1913.

[5] HORNBECK D, SALAMON LM. Human Capital and America's Future[M]. Johns Hopkins University Press, 1991.

[6] KILLINGER B. Integrity: Doing the Right Thing for the Right Reason[M]. McGill-Queen's Press-MQUP, 2010.

[7] WHITLEY Jr B E, KEITH-SPIEGEL P. Academic Dishonesty:

An Educator's Guide[M]. Psychology Press, 2001.

[8] KAESTLE C F. The Evolution of an Urban School System: New York City, 1750-1850[M]. Harvard University Press, 2013.

[9] ANGUS DL, MIREL J. Professionalism and the Public Good: A Brief History of Teacher Certification[M].Thomas B. Fordham Foundation, 2000.

[10] TYACK D B, HANSOT E. Managers of Virtue: Public School Leadership in America, 1820-1980[M]. Basic Books, 1982.

[11] MERTENS D M. Research and Evaluation in Education and Psychology: Integrating Diversity with Quantitative, Qualitative, and Mixed Methods[M]. Sage Publications, 2014.

[12] RAVTICH D. The Great School War, New York City, 1805-1973: A History of the Public Schools as Battlefield of Social Change[M]. Basic Books, 1974.

[13] HARVEY D. Social Justice and the City[M]. University of Georgia Press, 2010.

[14] CARLSON D. Teachers and Crisis: Urban School Reform and Teachers' Work Culture[M]. Routledge, 2017.

[15] SHIRLEY D. Community Organizing for Urban School Reform[M]. University of Texas Press, 1997.

[16] RAVITCH D, GOODENOW R K. Educating an Urban People: The New York City Experience[M]. Teachers College Press, 1981.

[17] BUGUE D J. The Population of the United States: Historical Trends and Future Projections[M]. Free Press, 1985.

[18] ELLIOTT E C. City School Supervision: A Constructive Study Applied to New York City[M]. World Book Company, 1914.

[19] MCADAMS D R. What School Boards Can Do: Reform Governance for Urban Schools[M]. Teachers College Press, 2006.

[20] FELLOWS EW. A Comparative Study of City School and Rural School Attendance[M]. The University of Iowa, 1912.

[21] CUBBERLEY E P. Public Education in the United States: A Study and Interpretation of American Educational History; an Introductory Textbook Dealing with the Larger Problems of Present-Day Education in the Light of Their Historical Development[M]. Houghton Mifflin, 1919.

[22] CUBBERLEY E P. School Organization and Administration: A Concrete Study Based on the Salt Lake City School Survey[M]. World Book Company, 1916.

[23] SENATE F. Honor Handbook[M]. The University of Virginia, 2014.

[24] SMOLEY Jr E R. Effective School Boards: Strategies for Improving Board Performance. The Jossey-Bass Education Series[M]. Jossey-Bass, Inc., 1999.

[25] BINDER F M. The Age of the Common School: 1830-1865[M]. John Wiley & Sons, 1974.

[26] BOBBITT F. The Supervision of City Schools: The Twelfth Yearbook of the National Society for the Study of Education, Part I[M]. The University of Chicago Press, 1913.

[27] TAYLOR FW.The Principles of Scientific Management[M]. Harper&RowPublishers, 1911.

[28] HESS F M. Spinning Wheels: The Politics of Urban School Reform[M]. Brookings Institution Press, 2011.

[29] FAYOL H. General and Industrial Management[M]. Sir Isaac Pitman &Sons, 1949.

[30] BARD H E. The City School District: Statutory Provisions for Organization and Fiscal Affairs[M]. Teachers College, Columbia University, 1909.

[31] MILLER H L, WOOCK R R. Social Foundations of Urban Education[M]. Holt, Rinehart and Winston, 1973.

[32] Honor Council. Honor Code Policy and Procedures[M].

Baylor University, 2015.

[33] Honor Council. Philosophy, Mission, Outcomes and Goals[M]. Baylor University, 2015.

[34] Honor Council. Students and Academic Integrity[M]. Baylor University, 2015.

[35] Honor Council. What Faculty Can Do to Encourage Academic Integrity[M]. Baylor University, 2015.

[36] DANZBERGER J P. School Boards: A Troubled American Institution. In Facing the Challenge: The Report of the Twentieth Century Fund Task Force on School Governance[M]. Twentieth Century Fund. 1992.

[37] CARVER J. Boards that Make a Difference: A New Design for Leadership in Nonprofit and Public Organizations[M]. John Wiley & Sons, 2011.

[38] DANZBERGER J P. Governing Public Schools: New times, New Requirements[M]. Institute for Educational Leadership, Inc., 1992.

[39] BOBBITT J F. Some General Principles of Management Applied to the Problems of City-School Systems[M].The University of Chicago Press, 1913.

[40] MAYER J P. Max Weber and German Politics[M]. Psychology Press, 1998.

[41] MORRISON J C. The Legal Status of the City School

Superintendent[M]. Warwick & York, Incorporated, 1922.

[42] PHILBRICK J D. City School Systems in the United States[M]. US Government Printing Office, 1885.

[43] WEBB LD. The History of American Education: A Great American Experiment[M]. Pearson EducationInc., 2006.

[44] RURY J. Education and Social Change: Themes in the History of American Schooling[M]. Routledge, 2004.

[45] RURY J. Urban Education in the United States: A Historical Reader[M]. Springer, 2005.

[46] LUCAITES J L. Contemporary Rhetorical Theory: A Reader[M]. Guilford Press, 1999.

[47] VITERITTI J P. When Mayors Take Charge: School Governance in the City[M]. Brookings Institution Press, 2009.

[48] LOUIS K S, MOLES M B. Improving the Urban High School: What Works and Why[M]. Teachers College Press, 1990.

[49] GALLAGHER K S. Urban Education: A Model for Leadership and Policy[M]. Routledge, 2013.

[50] WONG K K, SHEN F X, ANAGOSTOPOULOS D, et al. The Education Mayor: Improving America's Schools[M]. Georgetown University Press, 2007.

[51] KAROLY L A, PANIS C. The 21st Century at Work:

Forces Shaping the Future Workforce and Workplace in the United States[M]. Rand Corporation, 2004.

[52] CREMIN LL. The Transformation of the School: Progressivism in American Education, 1876-1957[M]. Knopf, 1961.

[53] CREMIN L A. American Education: The Metropolitan Experience, 1876-1980[M]. HarperCollins, 1988.

[54] FISHEL L H, QUARLES B. The Black American: A Documentary History[M]. Scott, Foresman and Company, 1976.

[55] AYRES L P. Laggards in Our Schools: A Study of Retardation and Elimination in City School Systems[M]. Charities Publication Committee, 1909.

[56] Maine Government. Community Engagement and Education Advocacy by School Boards[M]. Hanover Research, 2013.

[57] WEINER L. Preparing Teachers for Urban Schools: Lessons from Thirty Years of School Reform[M]. Teachers College Press,1993.

[58] WILLIAMS M R. Neighborhood Organizing for Urban School Reform[M]. Teachers College Press,1989.

[59] CASTELLS M. The Urban Question: A Marxist Approach[M]. The MIT Press, 1977.

[60] SMILEY M B. Policy Issues in Urban Education[M]. Free Press, 1968.

[61] KATZ M B. Class, Bureaucracyand Schools: The Illusion of Educational Change in America[M]. Praeger Publishers, 1975.

[62] LAZERSON M. Origins of the Urban School: Public Education in Massachusetts, 1870-1915[M]. Harvard University Press, 2013.

[63] GOODMAN R. Thinking Differently[M]. Educational Research Service. 2000.

[64] JANOWITZ M. Institution Building in Urban Education[M]. Russell Sage Foundation, 1969.

[65] FORSYTH P B, TALLERICO M. City Schools: Leading the Way[M]. Corwin Press, Inc., 1993.

[66] PETERSON P E. The Politics of School Reform, 1870-1940[M]. University of Chicago Press, 1985.

[67] MANNA P. Education Governance for the Twenty-First Century: Overcoming the Structural Barriers to School Reform[M]. Brookings Institution Press, 2013.

[68] HORN R A. Understanding Educational Reform: A Reference Handbook[M]. ABC-CLIO, 2002.

[69] BUTTS R F. Public Education in the United States: From Revolution to Reform[M]. New York: Holt, Rinehart and Winston, 1978.

[70] HUMMEL R C. Urban Education in America: Problems

and Prospects[M]. Oxford University Press, 1973.

[71] OWENS R G. Organizational Behavior in Schools[M]. Prentice-Hall, Inc., 1970.

[72] PRESTHUS R. The Organizational Society[M]. Alfred A. Knopf, Inc., 1962.

[73] BAWDEN W T, STRAYER G D. Some Problems in City School Administration[M]. World Book Co., 1916.

[74] VOGEL R K. Handbook of Research on Urban Politics and Policy in the United States[M]. Greenwood Publishing Group, 1997.

[75] COHEN S. Progressives and Urban School Reform: The Public Education Association, of New York City, 1895-1954[M]. Bureau of Publications, 1964.

[76] ROTHSTEIN S W. Handbook of Schooling in Urban America[M]. Greenwood Publishing Group, 1993.

[77] BULLOUGH W A. Cities and Schools in the Gilded Age: The Evolution of an Urban Institution[M]. Associated Faculty Pr Inc, 1974.

[78] LEVENSON W B. The Spiral Pendulum: theUrban School in Transition[M]. Rand McNally, 1968.

[79] HOWELL W G. Besieged: School Boards and the Future of Education Politics[M]. Brookings Institution Press, 2005.

[80] HAYES W. So You Want to Be a School Board Member?[M]. Rowman & Littlefield, 2001.

[81] REESE W. Rethinking the History of American Education[M]. Springer, 2007.

[82] Strayer G D, Bachman F P, Cubberley E P, et al. Some problems in city school administration[M]. World book Company, 1916.

（四）网络资源

[1] American School Counselor Association. Ethical Standards for School Counselors [EB/OL]. [2016-09-19]. http://www. schoolcounselor.org/asca/media/asca/home/EthicalStandards 2010. pdf.

[2] American School Counselor Association. Role Statement: The School Counselor [EB/OL]. [2016-11-05]. http: //www. elcosd. org/ ms/guide_health/elco/Role%20Statement. pdf.

[3] American School Counselor Association. State School Counseling Mandates and Legislation [EB/OL]. [2016-09-14]. http: //www. schoolcounselor. org/content. asp?contentid= 535.

[4] American School Counselor Association. The ASCA National Model: A Framework for School Counseling [EB/OL]. [2016-09-15]. http: //www. fultonschools. org/en/divisions/ acd/ supportserv/Documents/Counseling/Model Executive

Summary. pdf.

[5] Baylor University. History [EB/OL]. [2016-04-13]. http: //www. baylor. edu/about/index. php?id=88778.

[6] WARD C, GRIFFIN A. Five Characteristics of an Effective School Board [EB/OL]. [2015-04-06]. http: //www. centerforpubliceducation. org/You-May-Also-Be-Interested-In-landing-page-level/All-in-Favor-YMABI/Five -characteristics-of-an-effective-school-board. html.

[7] HESS F M, MEEKS O. School Boards Circa 2010: Governance in the Accountability Era [EB/OL]. [2016-11-06]. http: //www. nsba. org/Board-Leadership/ResourceCenter/ Surveys/School-Boards-Circa-2010/School-Boards-Circa-2 010-Governance-in-the-Accountability-Era. pdf.

[8] SABENS F S, ZYROMSKI B. Aligning School Counselors, Comprehensive School Counseling Programs, and the No Child Left Behind Act of 2001 [EB/OL]. [2016-10-11]. http: //files. eric. ed. gov/fulltext/EJ886145. pdf.

[9] Institute for Shipboard Education. A Premier Global Program Since 1963[EB/OL]. [2016-04-13]. http: //www. semesteratsea. org/discover-sas/.

[10] Institute for Shipboard Education. How to Get the Credits You Need [EB/OL]. [2016-04-13]. http: //www. semesteratsea. org/admission-aid/credit-transfer/.

[11] CAREY J, HARRINGTON K. Utah Comprehensive Counseling and Guidance Program Evaluation Report [EB/OL]. [2016-11-05].

http: //schools.utah.gov/cte/documents/guidance/publications/ Research_UtahSchoolCounselingEvaluation. pdf.

[12] GEMBERLING K W, SMITH C W, VILLANI J S. The Key Work of School Boards Guidebook [EB/OL]. [2016-11-06]. http://www.schoolinfosystem.org/archives/NSBA-Keywor kGuidebook.pdf.

[13] National Commission on Excellence in Education. A Nation at Risk: Findings and Recommendations [EB/OL]. [2016-09-10]. http: //www2. ed. gov/pubs/NatAtRisk/ index. html.

[14] National School Boards Association. Beliefs and Policies of the National School Boards Association [EB/OL]. [2016-11-06]. http://www.nsba.org/About/Beliefs-Policies-Resolutions/ Beliefsand Policies.pdf.

[15] GYSBERS N C, HENDERSON P. Comprehensive Guidance and Counseling Program Evaluation: Program + Personnel = Results [EB/OL]. [2016-09-23]. http: //file. upi. edu/ Direktori/ FIP/JUR. _PEND. _LUAR_SEKOLAH/195608 101981011-D._NUNU_HERYANTO/comprehensive_guid ance_and_conselling_evaluation_program. PDF.

[16] North Carolina State Department of Public Instruction. Guidance Curriculum for the Comprehensive School Counseling Program, K-12 [EB/OL]. [2016-10-11]. http: //www. ncpublic schools. org/docs/curriculum/guidance/resources/programs- study. pdf.

[17] KOEHLER P. Leading in Difficult Times: Are Urban School Boards Up to the Task? [EB/OL]. [2015-04-06]. http: //www. wested.org/resources/leading-in-difficult-times-are-urban-school-boards-up-to-the-task/.

[18] Cambridge Dictionaries Online [EB/OL]. [2014-12-10]. http: //dictionary. cambridge. org/dictionary/English-Chinese-simplified/self-governmentq=self-governing.

[19] The Council of the Great City Schools. Annual Report 2014-2015[EB/OL]. [2016-07-14]. http: //www.cgcs.org/cms/lib/DC00001581/Centricity/Domain/16/Annual%20R eport%20final-website. pdf.

[20] The Honor Committee of University of Virginia. Definitions [EB/OL]. [2016-09-13]. http: //www. virginia. edu/honor/honor-committee-by-laws-after-march-1-2012/.

[21] The Honor Committee of University of Virginia. Honor Committee Bylaws [EB/OL]. [2016-09-17]. http: //www. virginia.edu/honor/wp-content/uploads/2013/09/By-laws-as -of-September-15-2013. pdf.

[22] The Honor Committee of University of Virginia. Honor Committee [EB/OL]. [2016-04-13]. http: //www. virginia. edu/honor/honor-committee-by-laws-after-march-1-2012/.

[23] The Honor Committee of University of Virginia. The Honor System [EB/OL]. [2016-09-17]. http: //www. virginia. edu/honor/honor-committee-by-laws-after- march-1-2012.

[24] The Institute for Shipboard Education. The Voyager's

Handbook for Students [EB/OL]. [2016-04-13]. http: //www. semesteratsea. org/wp-content/uploads/2012/03/ Voyagers-Handbook-Web. pdf.

[25] University of Virginia. About SCPS[EB/OL]. [2016-04-13]. http: //www. scps. virginia. edu/about.

[26] University of Virginia. Procedures for Psychological Hearings on Honor Offenses [EB/OL]. [2016-11-15]. http: //www. virginia. edu/honor/wp-content/uploads/2013/03/ Psych-Procedures- KM-FInal. pdf.

[27] University of Virginia. Reports & Retractions [EB/OL]. [2016-04-03]. http: //www.virginia.edu/honor/reports-retractions/.

[28] University of Virginia. School of Continuing and Professional Studies [EB/OL]. [2016-04-13]. http: //www. virginia. edu/uvatours/ shorthistory/ code. html.

[29] University of Virginia. Voyager's Handbook—Student Version [EB/OL]. [2016-04-13]. https: //www. ise. virginia. edu/asp/my documents/VoyagersHandbook. pdf.

[30] Utah State Board of Education. Utah Comprehensive Counseling and Guidance Program Model [EB/OL]. [2016-09-25]. http: //files. eric. ed. gov/fulltext/ED370005. pdf.

[31] Washington State School Directors' Association. Guidance and Counseling Programs [EB/OL]. [2016-11-08]. http: //www. wssda. org/Portals/0/Documents/pnlForce. pdf.

[32] Washington State School Directors' Association. Serving on Your Local School Board: A Foundation for Success [EB/OL]. [2016-11-08]. http: //www. wssda. org/Portals/0/ Resources/Publications/ soylsbman. pdf.

后　记

　　本书是2016年度教育部人文社会科学研究青年基金项目"美国城市学校董事会起源和发展研究"（16YJC880027）的研究成果。尽管我已经尽力对本书内容进行认真的修改，但是，由于自身的学养不足，难免有偏颇和纰漏之处，恳请方家多多批评指正。

　　在书稿的写作过程中，得到了我的博士导师张斌贤教授的指导和帮助，感谢导师多年来对我的关心和照顾。从课题的选题、申报到书稿定稿，都得到张老师的悉心指导和帮助，张老师广阔的知识、深刻的理论见解、深邃的思想，为我的研究打开了多维的空间，张老师一直在学术上引导我一步步地成长。在生活上，张老师对我的关怀也是无微不至。张老师的影响将伴随着我的一生，张老师也将成为我以后努力的方向。借此，向张老师献上我深深的感激之情。

　　感谢西南交通大学出版社编辑罗在伟老师，罗老师为本书的编辑和出版付出了大量的心血，罗老师的耐心、宽容和敬业精神使我受益良多。

感谢我的同门，感谢所有一直关心我、帮助我的朋友。

最后，我要特别感谢我的家人，感谢我的家人对我的辛苦付出。

李朝阳

2020 年 7 月